Erleben, was die Welt bewegt

Erleben
was die Welt bewegt

Inhalt

Klimawandel   14

Vereist, versteinert, verkohlt 15
Nasse Füße, trockener Hals 16
Alles im Fluss 17
Wir sind Klimawandel / Der Globus unterm Mikroskop 18
Ist sich jeder selbst der Nächste? 19
Folgenschwere Erwärmung 20

Kommunikation   28

Ein Mann, ein Wort 28
Tierisch kommunikativ 30
Ausdruckstanz 31
Das Wort gilt 32
Verschlüsselte Botschaften 33
Ohne Worte 34
world wide web 35
Alle Lebewesen kommunizieren 36

Sex & Gender   44

Sex macht fit 45
Just Bi 46
Reifeprüfung 47
Frau, Mutter, Großmutter 48
Rollenwechsel 49
Text folgt noch 50

Zeit 58

Zeit: Mehr als ein Gefühl...58
Vom Wachsen in der Zeit..60
Älter werden – gruppenweise...61
Vom Tempo der Welt...62
Erinnern und Vergessen..63
Traumzeit..64
Alles hat seine Zeit...66

Menschenrechte 74

Gut Ding will Weile haben/Alles, was recht ist...............................75
Die Welt am Pranger/„... und wir bewegen sie doch"...................76
Wer ermordete Anna Politkowskaja?/Verteidiger des Regenwaldes/
Gay – und das ist gut so...78
Der ewige Kampf um die Freiheit...80

Migration 86

Wir sind alle Nachfahren von Migranten/ Bremen ist, wo ich geboren bin/
Das war eine Liebesentscheidung..87
Call Home...88
„Heimat ist da, wo ich mich wohl fühle"...89
Zwischen Heimat und Fremde..90

Weltwirtschaft 98

Produktionsverbund Auto–Werkbank weltweit..............................99
Urlaub global – Leitindustrie im 21. Jahrhundert/Mobilität und Transport/
Bedeutende Streifen... 100
Dubai – Luxus auf Pump und durch Sklavenarbeit...................... 101
Die schöne neue Weltwirtschaft... 104

Vorwort

Heute scheint die Welt immer enger zusammenzurücken. Entfernungen wirken wie aufgehoben, Produkte kommen aus der ganzen Welt, unser Leben wird internationaler. Trotzdem ist der Begriff „Globalisierung" für den Einzelnen schwer zu fassen. Deshalb widmet sich das Übersee-Museum den Themen, die die Welt bewegen, um diese für die Besucher greifbar zu machen.

Beim Surfen im Netz kommt einem der Gedanke: „Verlieren Menschen ohne Internetzugang eigentlich den Anschluss?" In den Nachrichten wird schon wieder von einer Flutkatastrophe berichtet: „Ist dieses Klima noch normal?" Da wird viel über Migranten debattiert: „Was würde ich wohl mitnehmen, wenn ich meine Heimat verlassen müsste?" Immer wieder sind international agierende Wirtschaftsunternehmen Thema in den Medien: „Wie viele Nationalitäten hat denn eigentlich mein Auto?" Und überhaupt: „Spiele ich bei all dem eine Rolle?"

„Erleben, was die Welt bewegt" – so heißt die aktuelle Ausstellung des Übersee-Museums. Auf sieben Pfaden werden wissenschaftliche Hintergründe in modernen Inszenierungen und Mitmachstationen nachvollziehbar. Die Besucher werden selbst zu Forschern und können so den globalen Phänomenen auf die Spur kommen.

Zeit, Menschenrechte, Weltwirtschaft, Klimawandel, Kommunikation, Migration sowie Sex & Gender – wie aktuell diese Ausstellungsthemen sind, zeigt eine Reihe des WESER-KURIER, die diese aufgriff und vertiefte. Es freut mich sehr, dass diese Zeitungsartikel sowie die Beiträge des Übersee-Museums nun zu dieser Broschüre verwoben wurden.

Wiebke Ahrndt
Direktorin des Übersee-Museums Bremen

Liebe Leserinnen und Leser!

„Erleben, was die Welt bewegt": Der Titel der Ausstellung im Übersee-Museum könnte auch ein Werbeslogan für den WESER-KURIER und die Bremer Nachrichten sein. Täglich versuchen wir, in abertausende Ereignisse und Nachrichten eine Ordnung zu bringen und sie in ihrer Relevanz zu gewichten, um am Ende eine Zeitung zu machen, die nah am Alltag unserer Leserinnen und Leser ist.

Je komplexer dieser Alltag wird, desto wichtiger ist Orientierung. Die wollen wir, die will das Übersee-Museum mit seiner Ausstellung geben. Insofern war der Weg zu einer Zusammenarbeit kurz, die am Ende in der Serie zu den großen Fragen unserer Zeit und in diesem Buch mündete. Ich hoffe, dass es neue Denkanstöße und Antworten bereithält und Sie, liebe Leserinnen und Leser, im wahrsten Sinne des Wortes bewegt.

Viel Spaß beim Lesen wünscht Ihnen
Ihr Lars Haider

Erleben, was die Welt bewegt

Der Besuch im Übersee-Museum ist wie eine Reise um die Welt, bei der man die Besonderheiten verschiedener Völker und Erdteile kennen lernt. Globale Themen halten sich aber nicht an die Grenzen von Ländern oder Kontinenten. Sie spielen in allen Teilen der Erde eine zentrale Rolle und lassen die Welt immer stärker zusammenrücken.

Sieben globale Themen, die sich keinem einzelnen Kontinent zuordnen lassen, und die eine gemeinsame Dynamik haben, erhalten in dieser Ausstellung einen eigenen Raum. Sie betreffen und beschäftigen die Menschen auf der ganzen Welt. So wie sie einen, bergen sie aber gleichzeitig auch Risiken, nicht nur für die kulturelle Unterschiedlichkeit der Menschen: Diese sieben Themen sind Herausforderung und Chance zugleich.

Klimawandel

Diese als „Tomate" bezeichnete mobile Unterkunft wird in der Antarktisforschung eingesetzt, wenn Wissenschaftler fernab der großen Forschungsstationen Proben entnehmen müssen.

Klimawandel

Erst vor wenigen tausend Jahren ging die letzte Eiszeit zu Ende und halb Europa lag unter einer dicken Eisschicht. Ältere Funde verraten ein subtropisches Klima in demselben Areal Jahrmillionen zuvor. Das Klima auf der Erde ändert sich also ständig. Warum sollten dann die Klimaveränderungen, die Wissenschaftler in den letzten Jahren wahrgenommen haben, etwas Besonderes sein?

Es gibt zwei Unterschiede: Erstmals vollziehen sich die Veränderungen sehr schnell. Zudem ist der Mensch durch sein Handeln für diese klimatischen Veränderungen selbst verantwortlich. Wenn jedoch der Mensch Verursacher des jetzigen Klimawandels ist, liegt es auch in seiner Hand, sein Verhalten zu ändern. Er kann den Treibhausgas-Ausstoß verringern und Maßnahmen ergreifen, um sich auf die Folgen eines veränderten Klimas vorzubereiten.

Die Temperaturerhöhung der Atmosphäre führt zu einem immer schnelleren Abschmelzen der Gletscher Grönlands. Eine Folge der Gletscherschmelze ist die Erhöhung des Meeresspiegels.

Vereist, versteinert, verkohlt

Eine stetige Erfassung des Wetters gibt es erst seit etwa 150 Jahren. Die Wissenschaft hat jedoch Methoden entwickelt, Wetter- und Klimainformationen aus sehr viel früheren Zeiten zu erlangen. Die Informationen liegen in unterschiedlichen Formen vor. In der Wissenschaft werden sie als „fossile Klimaarchive" bezeichnet. So gibt oxidiertes Eisen in Gesteinen Auskunft über das erste Vorkommen von Sauerstoff in der Atmosphäre; Ablagerungen verschiedener fossiler Pflanzen- und Tierarten lassen Rückschlüsse auf das Klima zu, wenn wir wissen, welche Ansprüche verwandte Organismen heute haben. Eine Besonderheit stellt Luft dar, die im Eis der Arktis und Antarktis bei dessen Entstehung eingeschlossen wurde. Aus ihrer Zusammensetzung kann direkt das Klima vergangener Zeiten ermittelt werden.

Durch die Verringerung der Niederschläge ist der Tschadsee im Verlauf der letzten vierzig Jahre auf weniger als die Hälfte seine ursprünglichen Fläche geschrumpft. Damit haben sich die Lebensverhältnisse für Mensch und Tier in dieser Region extrem verändert.

Nasse Füße, trockener Hals

An einigen Beispielen können wir schon heute erkennen, wie die Folgen einer zunehmenden Klimaerwärmung aussehen werden. Viele Tier- und Pflanzenarten werden verdrängt, manche sind vom Aussterben bedroht. In der Arktis nehmen Fläche und Dicke des Eises stetig ab. Hierdurch verringert sich auch der Lebensraum der Eisbären.

Die Meere werden wärmer, der Meeresspiegel steigt. Hiervon sind vor allem flache Küsten wie unser Wattenmeer und viele Koralleninseln betroffen. Bei zu hohen Wassertemperaturen sterben die Korallen ab. Während in einigen Gebieten Niederschläge zunehmen, werden sie in anderen geringer. Am Beispiel des Tschadsees, in der Mitte Afrikas gelegen, kann man die Folgen verringerter Niederschläge in den letzten vierzig Jahren ablesen.

Baustelle des neuen Weserkraftwerks im September 2010.

Alles im Fluss

Energie lässt sich nachhaltig aus Windkraft, Wasserkraft und Sonnenenergie gewinnen. In den letzten Jahrzehnten ist dieser Anteil an der Energieerzeugung wesentlich größer geworden als bei der Einführung vorhergesagt. Erzielt wurde dieses Ergebnis etwa durch technische Verbesserungen der Anlagen. Gleichzeitig kann auch diese Art der Energiegewinnung zu Beeinträchtigungen der Lebensräume führen, wie bei zahlreichen Windkraftwerken zu sehen ist.

Auch das neue Weserwasserkraftwerk stellt einen Eingriff in die Natur dar. Man bemüht sich daher, die Folgen so gering wie möglich zu halten, etwa durch Einbau einer Fischtreppe, die eine erhebliche Verbesserung zu früheren Maßnahmen darstellt. Letztendlich müssen wir aber zwischen den Folgen des Klimawandels und den Folgen anderer Eingriffe abwägen.

Wir sind der Klimawandel

Das Verbrennen fossiler Energieträger wie Kohle, Öl und Erdgas führt zu einem vermehrten Ausstoß von Kohlendioxid und damit zu einer Erwärmung der Erdatmosphäre. Gesetze und Verordnungen können dazu führen, dass der Ausstoß verringert wird. Aufgrund wirtschaftlicher Interessen ist es aber schwierig, solche Gesetze einzubringen, da etwa Unternehmen zeitweilig ihre Konkurrenzfähigkeit verschlechtern. Jeder Einzelne ist aber in der Lage, den Kohlendioxidausstoß zu reduzieren.

Ein Beispiel dafür ist die Ernährung: Etwa ein Drittel des gesamten Treibhausgasausstoßes ist auf Herstellung, Verteilung und Verbrauch von Nahrungsmitteln zurückzuführen, wobei die verschiedenen Nahrungsmittel einen unterschiedlich hohen Anteil haben. Die Auswahl unserer Nahrungsmittel kann also schon ein Beitrag zum Klimaschutz sein.

Der Globus unterm Mikroskop

Lange Zeit wurde bestritten, dass der Mensch Verursacher des momentanen Klimawandels ist. Belege aus der Vergangenheit zeigen ja, dass sich das Klima auch ohne Zutun des Menschen wandelte. Erst die Methoden der heutigen Wissenschaft änderten diese Vorstellung. Genauere Messmethoden der Atmosphäre, aber auch der Prozesse im Meer und auf Land führen zu einem besseren Verständnis der Vorgänge.

Übersetzt werden diese Kenntnisse nun in mathematische Modelle. Die Wirkung der verschiedenen Faktoren, wie beispielsweise die Veränderung der Sonneneinstrahlung, die Zunahme von Treibhausgasen oder die Bildung von Wolken kann damit im Einzelnen betrachtet werden. Mit diesen Modellen kann man sogar einen Blick in die Zukunft werfen, wenn auch nur mit einer gewissen Unsicherheit.

Unterwassersitzung des Kabinetts der Malediven im Vorfeld des UN-Klimagipfels in Kopenhagen 2009.

Ist sich jeder selbst der Nächste?

Treibhausgase sieht und riecht man nicht, ihr erhöhter Ausstoß hat keine unmittelbar gesundheitlichen Schäden zur Folge. Außerdem sind sie flüchtig und halten sich an keine staatlichen Grenzen. Lediglich in Zukunft verursachen sie eine erhebliche Klimaerwärmung, deren Folgen wir heute nur abschätzen können. Daraus erwächst ein großes Dilemma: Niemand fühlt sich wirklich verantwortlich für die Verringerung des Ausstoßes.

Dem Einsparen von Treibhausgasen stehen Gründe und Interessen entgegen: Wir leben hier und jetzt, wollen unseren Lebensstandard erhalten, und dazu muss die Wirtschaft gedeihen. Gelingt es, uns über unsere eigenen, jetzigen Interessen hinwegzusetzen und für etwas einzutreten, das erst in Zukunft wirkt? Wenn nicht alle mitziehen, sind dann auch unsere Bemühungen vergebens?

Folgenschwere Erwärmung

Wenn Wissenschaftler versuchen, Menschen die Bedeutung des Klimawandels vor Augen zu führen, stehen sie vor einem großen Problem: Das Klima lässt sich nur schwer fassen. Richtet zum Beispiel ein Orkan schwere Verwüstungen an oder dauern sommerliche Hitzeperioden ungewöhnlich lange an, kommt schnell der Hinweis, dass dies vermutlich eine Folge des Klimawandels sei. Genauso schnell aber sind solche Ereignisse wieder aus dem Bewusstsein verschwunden. Hinzu kommt, dass sich klimatische Veränderungen niemals nur an einzelnen Ereignissen festmachen lassen. Trotzdem gilt der Klimawandel als eines der großen globalen Probleme. In seiner Ausstellung „Erleben, was die Welt bewegt" widmet sich deshalb auch das Übersee-Museum diesem Thema.

Die Schwierigkeit, den Klimawandel als Problem zu begreifen, beginnt schon beim Begriff selbst – handelt es sich doch bei dem, was Wissenschaftler als Klima definieren, um eine menschliche Setzung. Messen lassen sich Temperaturen, Windgeschwindigkeiten und -richtungen, Niederschlagsmengen oder auch der Luftdruck, doch all die aktuellen Daten geben letztlich nur Aufschluss über das Wetter, das heißt Vorgänge in der Erdatmosphäre zu einem bestimmten Zeitpunkt an einem bestimmten Ort. Anders formuliert: Wenn es schneit oder stürmt, handelt es sich um bestimmte Wetterereignisse und nicht etwa um Klima. Letzteres wird als „durchschnittliches Wetter", als Gesamtheit der über einen längeren Zeitraum beobachteten Wetterereignisse verstanden. Dabei legen maßgebliche Einrichtungen wie die Weltorganisation für Meteorologie einen Zeitraum von 30 Jahren zugrunde. Das heißt: Das Klima beschreiben sie mithilfe der statistischen Daten, die über solche Zeiträume gesammelt wurden.

Verantwortlich für das Teilgebiet Klimawandel ist bei der Ausstellung des Übersee-Museums der Biologe Michael Stiller, der früher am Alfred-Wegener-Institut für Polar- und Meeresforschung gearbeitet hat. Er und seine Mitarbeiter verfolgen ehrgeizige Ziele, die sie so beschreiben: „Zielsetzung dieser Ausstellung ist es, dem Besucher die Bedeutung des Klimas für die Ausprägung unserer Biosphäre zu erläutern, die grundlegenden Mechanismen des Klimas zu erklären, Ursachen und Auswirkungen des aktuellen Klimawandels zu verdeutlichen sowie auf Handlungsoptionen in Bezug auf das eigene und das gesellschaftliche Handeln zum Klimawandel hinzuweisen."

Dazu präsentieren sie unter anderem Ablagerungen vom Grund des Meeres mit den darin enthaltenen Überresten von Lebewesen, die Wissenschaftlern Informationen über die Lebens- und damit auch über die Klimabedingungen in früheren Erdzeitaltern liefern. Gleiches tun an Land gefundene Fossilien, die ebenfalls als Beispiel dafür gezeigt werden, wie Forscher zu ihren Erkenntnissen gelangen.

Schon Schulkinder lernen, dass es Klimazonen auf der Erde gibt und dass deren Entstehung damit zusammenhängt, dass nicht in alle Bereiche des Planeten gleich viel Sonnenenergie gelangt. So werden etwa tropische, gemäßigte und arktische Klimazonen unterschieden. Wie die Ausprägung unterschiedlicher Zonen, so ist auch der Wandel des Klimas untrennbarer Bestandteil der Erdgeschichte. Man weiß zum Beispiel inzwischen, dass vor 53,5 Millionen Jahren in der Arktis ein Treibhausklima herrschte, dass die Temperaturen an der Oberfläche des Arktischen Ozeans damals 27 Grad Celsius erreichten und dass an den Küsten Palmen, Pinien, Eichen und Haseln wuchsen. Man muss allerdings gar nicht so weit zurückblicken, um zu erkennen, wie sich klimatische Verhältnisse verändern. Während des Mittelalters gab es eine Phase, in der das Klima auf der Nordhalbkugel vergleichsweise mild war. Sichtbarer Ausdruck dieser Entwicklung war die Ausweitung von Anbauflächen in höhere Lagen und in weiter nördlich gelegene Regionen. So wurde in Norwegen fast bis zum Polarkreis Getreide angebaut.

Die Gründe dafür, dass sich das Klima wandelt, sind nicht nur vielfältig, sondern zugleich immer wieder Gegenstand wissenschaftlicher Diskussionen. Weil sich beispielsweise die Lage der Kontinente laufend verändert, verändern sich auch Meeresströmungen, und dies hat Folgen für den Wärmetransport auf dem Planeten.

Ein anderes wichtiges Stichwort sind die sogenannten Milankovic-Zyklen, das heißt regelmäßige Veränderungen bei der Menge an Sonnenenergie, die zur Erde gelangt. In der Erdgeschichte folgten immer wieder Kalt- und Warmzeiten aufeinander, die der Astrophysiker Milutin Milankovic (1879–1958) mit Schwankungen der Sonneneinstrahlung in Verbindung brachte. Verantwortlich sind zyklische Veränderungen der Stellung der Erde zum Zentralgestirn. So nähert sich die ellipsenförmige Umlaufbahn mal mehr, mal weniger stark der Kreisform an. Astronomen sprechen in diesem Zusammenhang von der Exzentrizität der Umlaufbahn. Diese schwankt mit einer Periode von 100 000 Jahren und hat einen Einfluss darauf, wie stark die Jahreszeiten auf der Nord- und der Südhalbkugel ausgeprägt sind. Hinzu kommt, dass die Erdachse trudelt und dass die Neigung der Achse in einem Zyklus von 41 000 Jahren zwischen 21,5 und 24,5 Grad schwankt. Auch dies hat Folgen für die Ausprägung der Jahreszeiten.

Vor dem Hintergrund der Frage, welchen Anteil menschliche Aktivitäten an der heute zu beobachtenden globalen Erwärmung haben, misst der von den Vereinten Nationen eingesetzte Weltklimarat (Intergovernmental Panel on Climate Change) dem Kohlendioxid entscheidende Bedeutung bei. Das Gas entsteht, wenn Energieträger wie Erdöl oder Kohle verbrannt werden und sich der darin enthaltene Kohlenstoff mit dem Sauerstoff in der Luft verbindet. Mit anderen Worten: Der Mensch hat einen Einfluss auf die Kohlendioxidmenge in der Atmosphäre.

Den größten Anteil an trockener Luft hat mit etwa 78 Prozent Stickstoff, den zweitgrößten mit 21 Prozent Sauerstoff. Weitere rund 0,9 Prozent entfallen auf Argon, das heißt: Für alle anderen Gase bleibt nur ein winziger Rest. Ihrem fast verschwindend kleinen Anteil entsprechend werden sie auch als Spurengase bezeichnet. Mit einem Anteil von inzwischen 0,039 Prozent an der Luft zählt das Kohlendioxid zu den Spurengasen, deren Menge noch vergleichsweise groß ist. Vor Beginn der industriellen Revolution vor rund zwei Jahrhunderten hatte sein Anteil lediglich bei 0,028 Prozent gelegen, in Kaltzeiten sogar noch niedriger, nämlich bei 0,018 Prozent. Allerdings gab es auch Phasen in der Erdgeschichte, in denen sehr viel mehr Kohlendioxid in der Atmosphäre war als heute. Den Unterschied zwischen dem Kohlendioxidgehalt vor Beginn der industriellen Revolution und dem von heute hält die Mehrzahl der Klimaforscher für so bedeutsam, dass sie in ihm einen wesentlichen Grund für die Erhöhung der globalen Durchschnittstemperatur um etwa 0,7 Grad Celsius während des 20. Jahrhunderts sieht.

Eine Eisbär-Dermoplastik wird für die Ausstellung hergerichtet. Der Temperaturanstieg in der Arktis führt zu einer Verringerung der Meereisfläche im Sommer. Hierdurch sind Eisbären in ihrer Existenz bedroht.

Das Kohlendioxid zählt zu den Treibhausgasen – ebenso wie Methan und Ozon, die ebenfalls nur in sehr geringen Mengen vorkommen. Das wichtigste Treibhausgas ist der Wasserdampf. Sein Anteil an feuchter Luft kann im Prozentbereich liegen. Ab einem bestimmten Punkt, der von der Temperatur abhängt, ist die Luft mit Wasserdampf gesättigt und gibt das Wasser wieder ab: Es regnet oder schneit. Das heißt aber auch, dass der Mensch keine Möglichkeit besitzt, die Wasserdampfmenge in der Atmosphäre direkt und nach Belieben zu erhöhen. Beim Kohlendioxid ist das anders. Dieses Gas reichert sich in der Atmosphäre an – für die Wissenschaftler ein Grund mehr, immer wieder auf die Dringlichkeit der Verringerung von Kohlendioxidemissionen hinzuweisen.

Grundsätzlich sind Treibhausgase etwas Gutes, denn ohne sie wäre die Erde ein eiskalter und lebensfeindlicher Planet. Statt bei vergleichsweise angenehmen rund 15 Grad Celsius läge die globale Durchschnittstemperatur an der Erdoberfläche bei minus 18 Grad Celsius. Die Treibhausgase bewirken, dass die von der Erdoberfläche, von Gebäuden oder anderen Körpern abgestrahlte Wärme nicht vollständig ins Weltall entweicht. Mit anderen Worten: Sie verschlucken einen Teil dieser Strahlung.

Dass sich die Erde überhaupt erwärmt, ist das Ergebnis der Sonnenstrahlung. Dabei handelt es sich um elektromagnetische Strahlung, die den Planeten mit Energie versorgt. Diese Strahlung besitzt ein breites Spektrum an unterschiedlichen Wellenlängen. Einen Teil dieses Spektrums kann der Mensch als sichtbares Licht wahrnehmen. Andere Teile, darunter die UV- und die Infrarotstrahlung, sind für ihn unsichtbar.

Dass sich Wissenschaftler wegen der steigenden Kohlendioxidmenge in der Atmosphäre sorgen, hängt auch damit zusammen, dass das Treibhausgas nicht nur für sich allein wirkt, sondern darüber hinaus auch andere Vorgänge beeinflusst. Wenn sich die Atmosphäre aufgrund einer gestiegenen Kohlendioxidmenge erwärmt, heißt das beispielsweise auch, dass die Luft mehr Wasserdampf aufnehmen kann. Durch die gestiegene Temperatur verschiebt sich die Sättigungsgrenze, was wiederum die weitere Erwärmung begünstigt.

Die Besucher der Ausstellung im Übersee-Museum erfahren nicht nur, woher die für die Entwicklung des Klimas wichtigen Gase stammen, sondern auch, wie schwierig es ist, auf der Grundlage vorhandener Daten zuverlässige Computermodelle zu entwickeln, mit deren Hilfe sich das Klima der Zukunft vorhersagen lässt. Im Mittelpunkt der Ausstellung stehen jedoch die Auswirkungen des Klimawandels auf Ökosysteme. Diese werden beispielhaft an Lebensräumen wie dem Nordpolarmeer, den tropischen Korallenriffen oder auch dem Tschadsee geschildert. Letzterer befindet sich in einer wasserarmen Region. Wenn nun die Niederschlagsmenge wie erwartet sinkt, hat dies weitreichende Folgen für das Ökosystem.

Im Nordpolarmeer rechnen Wissenschaftler damit, dass die von Meereis bedeckte Fläche kleiner wird. Dies hat unter anderem Folgen für die Eisbären, die auf dem Eis leben.

Im Zusammenhang mit den Korallenriffen macht schon seit längerem die sogenannte Korallenbleiche Schlagzeilen. Dahinter verbirgt sich ein Phänomen, das unmittelbar mit der Erwärmung des Wassers zusammenhängt. Winzige Algen besiedeln normalerweise die lichtdurchlässigen Zellen der Korallentiere und bilden dort mithilfe des Lichts energiereiche Kohlenhydrate, die der Koralle als Nahrung dienen. Das von ihr ausgeschiedene Kohlendioxid wird wiederum von den Algen genutzt. Die Erwärmung des Wassers führt jedoch dazu, dass das Miteinander nicht mehr reibungslos funktioniert. Die Algen verschwinden, und die Korallen sterben ab.

Auch der Umstand, dass sich der Säuregrad des Meerwassers verändert, macht den Korallen nach Aussage von Experten zu schaffen. Vom Meer aufgenommenes atmosphärisches Kohlendioxid löst sich und bildet Säure. Schon leichte Veränderungen des Säuregehalts können aber dazu führen, dass es Korallen sehr viel schwerer fällt, Kalkskelette zu bilden. Die Nesseltiere sondern aus ihrer sogenannten Fußscheibe das Mineral Aragonit ab, aus dem die Kalkskelette entstehen. Weil totes Skelettmaterial nach unten abgeschieden wird, wachsen die Riffe, die sich in den Tropen in Küstennähe in der Regel bis knapp unter die Wasseroberfläche erstrecken.

Ob es die Risiken für Tier- und Pflanzenarten sind oder aber die Gefahren, die der mit der Erwärmung verbundene Anstieg des Meeresspiegels für Küstenbewohner birgt: Der Klimawandel macht sich auf vielfältige Weise bemerkbar. Und da nach Überzeugung der meisten Wissenschaftler davon auszugehen ist, dass der Mensch für diesen Wandel zumindest mitverantwortlich ist, fordern die Ausstellungsmacher des Übersee-Museums dazu auf, das eigene Handeln zu überdenken.

Dass es Möglichkeiten gibt, selbst zur Verringerung des Treibhausgasausstoßes beizutragen, schildern sie unter anderem am Beispiel von Nahrungsmitteln, sprich: Sie machen deutlich, wie viel Kohlendioxid bei der Herstellung bestimmter Nahrungsmittel freigesetzt wird. Dass auch bei der Energiegewinnung Verbesserungen möglich sind, erläutern sie am Beispiel des neuen Wasserkraftwerks an der Weser. Ein eigens für die Ausstellung entwickeltes Computerspiel bietet Besuchern zudem die Möglichkeit, selbst in die Rolle von Staatschefs zu schlüpfen und Klimaverhandlungen zu führen.

JÜRGEN WENDLER

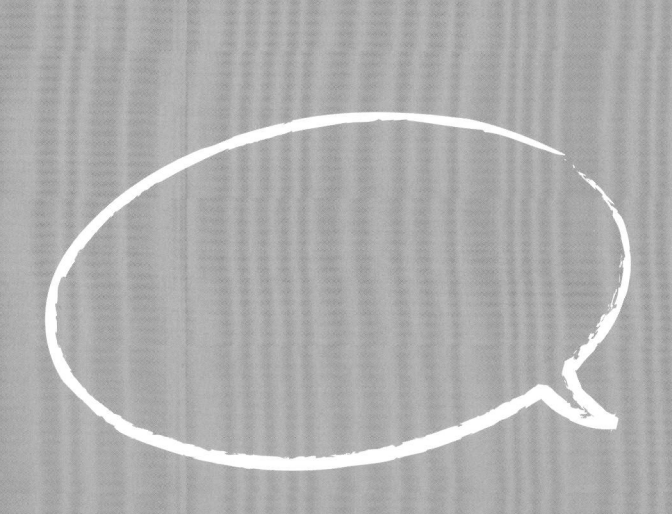

Kommunikation

Kommunikation

Alle Organismen kommunizieren untereinander. Dabei tauschen Menschen und Tiere Informationen nicht allein über Sprache oder Laute aus, sondern auch über Bewegungen, Farben oder Gerüche. Bewusst oder unbewusst werden diese gesendet und vom Empfänger gedeutet.

Kommunikation findet beim Menschen in allen Bereichen des Lebens statt und bleibt trotz Globalisierung kulturell geprägt. Neue Technologien haben den Körper und die Stimme des Menschen losgelöst von Raum und Zeit sowie neue Welten und Wahrnehmungen erzeugt: Im Cyberspace entstehen virtuelle Personen. Wir befinden uns heute sowohl in einem Netzwerk globaler Kommunikation als auch in einem Spannungsfeld zwischen kulturübergreifendem Verständnis und vielfältigen kulturellen Missverständnissen.

Ein Mann, ein Wort

Der Mensch hat in seiner Evolution eine einzigartige Lautsprache hervorgebracht. Ausschlaggebend waren neben der Entwicklung des Gehirns und des aufrechten Gangs Veränderungen des Stimmapparates, wie des Kehlkopfs, Zungenbeins und der Zunge.

Die Sprache unterscheidet den Menschen vom Tier, ist aber mehr als nur ein Mittel der Verständigung. Sie gehört zu den wichtigsten Orientierungssystemen einer Kultur und ist Ausdruck der Identität des Einzelnen. Über die Sprache werden Gedanken, Gefühle und Erlebtes vermittelt, wird Wissen gefestigt und weitergegeben. Wie viele tausend Sprachen es genau in der Menschheitsgeschichte gegeben hat, ist nicht zu beziffern: Die Grenzen zwischen Sprache und Dialekt sind manchmal fließend, neue Sprachen werden entdeckt, und alte Sprachen sterben aus.

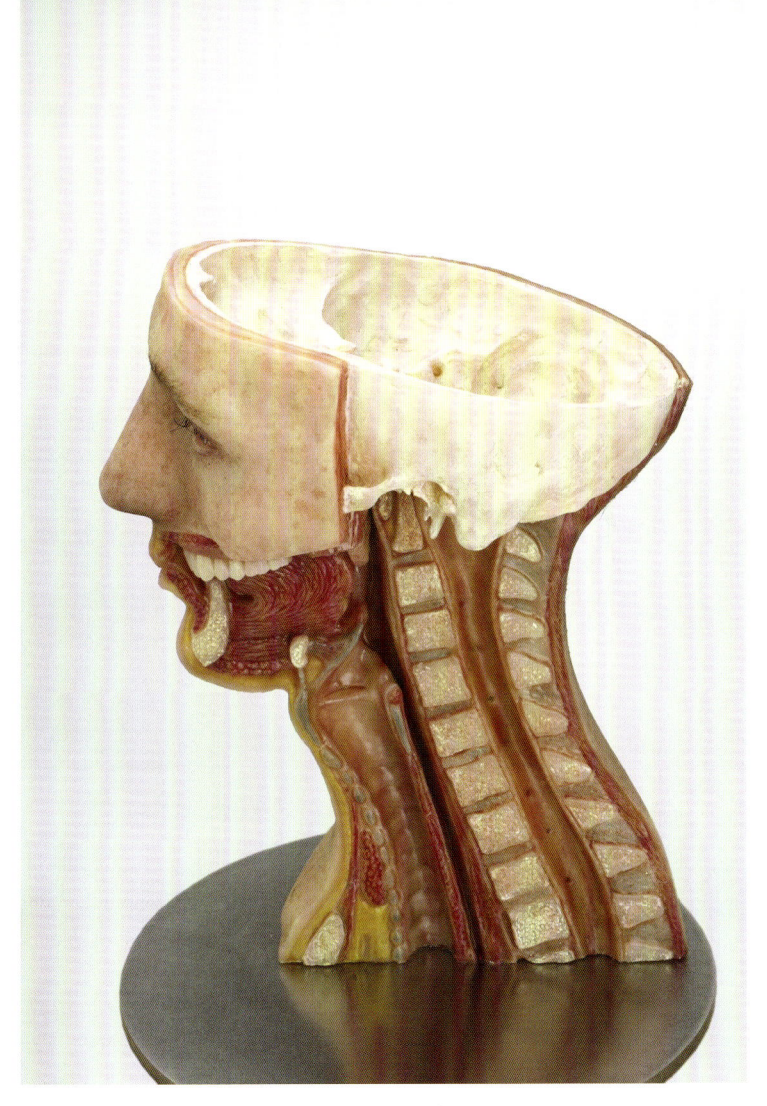

Schädelmodell des modernen Menschen im Querschnitt.

Der Kehlkopf und das Zungenbein des modernen Menschen sind im Vergleich zum Neandertaler abgesenkt. Die frei bewegliche, kräftige Zunge unterstützt die Wortformung im vergrößerten Rachenraum.

Kommunikation über Düfte: Über die auffällig gelb gefärbten Duftpinsel am Hinterleib gibt das Männchen der Schmetterlingsart Euploea core Sexuallockstoffe ab.

Tierisch kommunikativ

Die inner- und zwischenartliche Kommunikation im Tierreich hat viele Facetten: Neben Lautäußerung und Bewegung spielen Geruch, Farbe und Muster eine wichtige Rolle. Die Signale sind festgelegt und können in ihrer Bedeutung nicht frei kombiniert werden.

Innerhalb einer Art wird vor Gefahr meist durch Laute gewarnt. Erscheinungsbild, artspezifische Duftstoffe und Lautäußerungen informieren über die Zugehörigkeit zu einer Gruppe und sind bei der geschlechtlichen Fortpflanzung wichtig. Mit Balzritualen wird das zeitliche Zusammentreffen der möglichen Partner aufeinander abgestimmt. Doch auch zwischen den Arten werden Signale genutzt und Informationen ausgetauscht, um Beute zu finden, gefährlichen Situationen auszuweichen oder im Ökosystem zusammenzuleben.

Honigbienen kommunizieren über eine einzigartige Tanzsprache, in der Informationen zur Futterquelle durch bestimmte Bewegungsabläufe übermittelt werden.

Ausdruckstanz

Honigbienen sind staatenbildende Insekten mit einer genauen Organisation und Arbeitsteilung. Sie kommunizieren über Bewegungsabläufe, Gerüche sowie optische und mechanische Signale. Besonders die „Tanzsprache" der Bienen gilt als einzigartig. Die Bewegungsabläufe sind äußerst regulär und lassen sich genauen Informationen zuordnen.

Sammelbienen machen tänzelnde Bewegungen, die in ihrem Ablauf eine Acht zeichnen. Hierdurch geben sie Informationen zu Richtung, Entfernung und Qualität von Futterquellen an ihre Artgenossen weiter. Andere Bienen nehmen diese Bewegungen auf und tanzen sie nach. Die Intensität des Tanzes sowie der Duft, den die Biene von der Futterquelle mitbringt, motivieren andere Bienen, die angezeigte Futterquelle ebenfalls aufzusuchen.

*Teekanne
China, Qing-Dynastie, 18. Jh.*

Die Teekanne hat die Form des chinesischen Schriftzeichens shou („Langes Leben"). Dieses Schriftzeichen ist in China ein traditionelles Glückssymbol.

Das Wort gilt

Von den zirka 6500 Sprachen der Welt verfügt nur ein kleiner Teil über eine eigene Schrift. Schriften haben sich wohl unabhängig voneinander in verschiedenen Teilen der Welt entwickelt. Durch dieses Medium war Kommunikation nicht mehr an Ort und Zeit gebunden und bedurfte auch nicht mehr eines anwesenden Gegenübers. Im digitalen Zeitalter wird Schrift zum Medium, um Wissen weltweit abzurufen. Dies fördert aber nicht zwangsläufig die Verbreitung der Schriftlichkeit, sondern baut den Vorsprung der Schriftkundigen gegenüber den Analphabeten weiter aus.

Lange Zeit hielt sich die Meinung, dass schriftlose Kulturen geschichtslos und unterentwickelt seien. Mittlerweile hat man die Reichhaltigkeit der mündlichen Überlieferungen und deren zentrale Bedeutung für die Weitergabe von Wissen und Geschichte erkannt.

*Dundun-Trommel
Nigeria, Yoruba*

Bis heute schlagen die Yoruba mit einem Krummstab auf die Membran der Trommel und verändern die Tonhöhe durch Bewegen der außenliegenden Stimmschnüre. So erhält der Trommler – wie in der tonalen Sprache der Yoruba – einen Hoch-, Mittel- und Tiefton und kann durch seine Trommel „sprechen"

Verschlüsselte Botschaften

Kommunikationsmedien erweitern die Möglichkeiten, sich über Raum und Zeit mit anderen zu verständigen. So können Botschaften über akustische Hilfsmittel wie Rufen, Trommeln, Signalinstrumente oder Telefon, aber auch über visuelle Hilfsmittel wie Flaggen, Rauchsignale, Licht- und Feuerzeichen weitergegeben werden.

Botschaften können öffentliche Ankündigungen oder privater Natur sein. Oft sind sie aber nicht für alle verständlich und müssen entschlüsselt werden. Dann liegt ihnen ein Code zugrunde, den sowohl Sender als auch Empfänger verstehen. Mit manchen Musikinstrumenten lassen sich Botschaften erzeugen, die auf der einheimischen Sprache beruhen und somit eine relativ freie Verständigung erlauben.

*Totenmaske
Ogowe-Gebiet, Süd-Gabun*

Die weiße Farbe der Maske weist auf Ahnenverehrung und Tod hin. Solche Masken traten bei Trauer- und Begräbnisfeierlichkeiten auf. Der Maskenträger bewegte sich wild gestikulierend auf Stelzen, blieb aber unter seinem Kostüm verborgen.

Ohne Worte

Menschen können Informationen auch ohne Worte austauschen. Sie sprechen mit ihrem Körper durch Gestik und Mimik, aber auch durch ihre Kleidung und Frisur sowie ihre Körperbemalung oder Narbenverzierung. Sie geben damit Informationen zu ihrer Herkunft und ihrer Position in der Gesellschaft. Um diese Zeichen zu deuten, ist oft ein Wissen nötig, das nur Eingeweihten bekannt ist.

Nonverbale Kommunikation funktioniert aber auch über andere Symbole – zum Beispiel über Farben. Farben wie Rot und Weiß haben in verschiedenen Kulturen unterschiedliche – manchmal sogar gegensätzliche – Bedeutungen. Zudem kann Farbe die Macht zugeschrieben werden, einem einfachen Gegenstand aus Holz Leben zu verleihen oder aus einem gewöhnlichen Menschen aus Fleisch und Blut ein übernatürliches, jenseitiges Wesen zu machen.

Handy-Schmuck
Japan 2010

Eine persönliche Gestaltung des Handys ist in Japan oft zu sehen. Bunte Gehäuse und Hüllen, Aufkleber und vor allem Handy-Schmuck gehören zur Ausstattung.

world wide web

Handy und Internet erweitern die Möglichkeiten der Kommunikation – vor allem über große Distanzen. Noch nie hat sich ein Medium weltweit so schnell ausgebreitet. Internet und Handy bieten uns die Grundlage für eine interaktive Weltkommunikation, indem sie die Grenzen von Raum und Zeit verschieben. Früher wurde Kommunikation durch Anwesenheit an einem festen Standort geprägt, heute ist Erreichbarkeit entscheidend. Aber mit dieser allzeit und allerorten verfügbaren Mobilität kann auch die Information an Bedeutung verlieren und allein das Kontakthalten zum Ziel werden.

Doch das Internet vereint nicht nur, es trennt auch die Vernetzten von den Nichtvernetzten. Die digitale Kluft verläuft zwischen armen und reichen Regionen, zwischen Generationen und Bildungsschichten.

Alle Lebewesen kommunizieren

„Man kann nicht nicht kommunizieren": Als der Kommunikationswissenschaftler Paul Watzlawick diesen Satz geschrieben hat, bezog er sich auf Menschen, die im Miteinander mit anderen ständig etwas mitteilen – sei es über Sprache, ihre Kleidung, ihre Gesten oder ihre Mimik. Genau genommen gilt die Aussage aber auch für alle anderen Lebewesen. Ohne Übertragung von Botschaften zwischen Zellen hätten sich niemals komplexe Organismen entwickeln können. Der Austausch von Informationen gehört zu den wichtigsten Lebensvorgängen. Im menschlichen Miteinander hat dieser Austausch gerade in jüngster Zeit eine neue Qualität bekommen. So hat das Internet zusätzliche Kommunikationsmöglichkeiten eröffnet – auch über kulturelle Grenzen hinweg. In seiner Ausstellung „Erleben, was die Welt bewegt" veranschaulicht das Übersee-Museum die Vielfalt des Themas.

Der Ausdruck Kommunikation geht auf das lateinische Wort „communicare" zurück, das sich unter anderem mit teilen, mitteilen oder vereinigen übersetzen lässt. Alle Organismen kommunizieren miteinander. Dabei geht es häufig um die wichtigste Frage überhaupt, die Vermehrung beziehungsweise das Überleben der eigenen Art. Vom einzelligen Pilz Saccharomyces cerevisiae, den viele einfach als Hefe kennen und der schon seit Jahrtausenden von Menschen zur Herstellung von Brot, Wein und Bier genutzt wird, weiß man zum Beispiel, dass er seine Partner an chemischen Signalen erkennt. Die Zellen sondern ein Signalmolekül ab, das sich an besondere Eiweißstoffe anderer Zellen bindet. Solche Botschaften veranlassen die Zellen, aufeinander zuzuwachsen und miteinander zu verschmelzen.

Von im Boden lebenden Bakterien wiederum ist bekannt, dass sie mithilfe chemischer Signale Informationen über Nährstoffe austauschen. Bei Nährstoffmangel geben die Zellen einen Stoff ab, dessen Moleküle in benachbarte Zellen gelangen und bewirken, dass Zellen regelrecht zusammenkriechen. Sie bilden einen Fruchtkörper, der dickwandige Sporen erzeugt, die so lange überleben können, bis die Nahrungsgrundlage sich verbessert.

Kommunikation ist für Biologen nichts anderes als das Aussenden und Empfangen von Signalen. Wenn sie das Verhalten von Tieren erforschen, verstehen sie unter dem Signal ein bestimmtes Verhalten, das bei einem anderen Tier eine Verhaltensänderung bewirkt. Ein Beispiel für ein solches Verhalten ist der Gesang eines männlichen Vogels, der Artgenossen auf diese Weise mitteilt, dass sie sich von seinem Revier fernhalten sollen. Wissenschaftler, die einem Vogelmännchen in seinem eigenen Revier Aufnahmen eines anderen Männchens vorspielen, machen häufig die Erfahrung, dass das Männchen sich dem Lautsprecher nähert und diesen unter Umständen sogar angreift.

Wie das Übersee-Museum in seiner Ausstellung verdeutlicht, hat die Kommunikation im Tierreich viele Facetten, das heißt: Neben Lautäußerungen spielen zum Beispiel auch Gerüche, Farben, Muster und bestimmte Körperhaltungen eine wichtige Rolle. Dies zeigt sich nicht zuletzt bei Balzritualen, die sicherstellen, dass mögliche Partner zur richtigen Zeit aufeinander aufmerksam werden. In der Ausstellung ist ein Temmincktragopan zu sehen, ein in Asien beheimateter Fasanenvogel. Das Männchen präsentiert in der Balzhaltung den bunt gefärbten Kehlsack, pumpt hornähnliche Gebilde am Hinterkopf auf, spreizt die Flügel nach unten ab und richtet sich auf. Dabei stößt es mit zunehmender Geschwindigkeit typische Laute aus.

Dass auch die Bienen in der Ausstellung eine Rolle spielen, versteht sich fast schon von selbst – schließlich gilt ihr Tanz als Paradebeispiel für ein besonders hoch entwickeltes Kommunikationssystem im Tierreich. Als Pionier bei der Erforschung der Tanzsprache gilt Karl von Frisch. Er beobachtete bereits in den vierziger Jahren des vergange-

Temmincktragopan in Balzhaltung:
Stolz präsentiert das Männchen den bunt gefärbten Kehlsack und versucht so paarungsbereite Weibchen zu finden.

nen Jahrhunderts, wie Honigbienen nach ihrer Rückkehr in den Bienenstock schnell in den Mittelpunkt des Interesses anderer Bienen rückten. Die heimgekehrten Bienen legen ein Verhalten an den Tag, das den anderen Bienen Informationen über Nahrungsquellen liefert und das von Frisch als Tanz bezeichnete.

Wenn eine Nahrungsquelle weniger als etwa 50 Meter vom Stock entfernt ist, läuft die Biene aufgeregt in engen Kreisen auf der Wabe herum, wobei sie ständig die Laufrichtung verändert. Dabei folgen ihr die anderen Bienen. Diese werden zwischen diesen sogenannten Rundtänzen mit Nektar gefüttert. Dies veranlasst sie, den Stock zu verlassen und in der Umgebung nach Nahrung zu suchen.

Beim sogenannten Schwänzeltanz beschreibt die Biene hingegen einen Halbkreis, kehrt auf einer geraden Linie zum Ausgangspunkt zurück, läuft einen weiteren Halbkreis in die andere Richtung und kehrt dann erneut auf einer geraden Linie zurück. Dabei schwänzelt sie auf den geraden Strecken mit dem Hinterleib. Wissenschaftler nehmen an, dass dieser Tanz sowohl über die Richtung als auch über die Entfernung zur Nahrungsquelle Botschaften vermittelt. Langsamere Schwänzelbewegungen stehen dabei offenbar für eine größere Entfernung. Bienen gehen auch mehrere Kilometer vom Stock entfernt auf Nahrungssuche. Der Schwänzeltanz ist immer dann zu beobachten, wenn die Arbeiterinnen größere Strecken zur Nahrungsquelle zurücklegen mussten.

Eine andere Möglichkeit, Artgenossen Informationen über Nahrungsquellen zu geben, findet sich bei Ameisen. Wenn zum Beispiel Vertreterinnen der Feuerameisenart Solenopsis invicta bei ihren Erkundungsmärschen Nahrung entdecken, hinterlassen sie auf dem Rückweg zur Ameisenkolonie chemische Signale in Gestalt von Düften, das heißt sogenannte Pheromone.

Zwar spielen Düfte auch in der menschlichen Kommunikation eine Rolle, doch hier sind akustische und optische Signale weitaus wichtiger. Zu den bedeutsamsten Ereignissen in der Entwicklungsgeschichte des menschlichen Gehirns gehört die Ausbildung der sogenannten Broca- und Wernicke-Areale, die für die menschliche Sprache mit ihrer grammatischen Struktur und das Sprachverständnis eine entscheidende Rolle spielen. Die Fähigkeit, Laute in der gewünschten Weise zu formen, verdankt der Mensch auch

Batak-Buch (pustaha)
Indonesien, Sumatra, 19. Jh.

Nur die Zauberpriester beherrschten diese Schrift. In den Zauberbüchern aus Rinde mit hölzernem Einband hielten sie ihre Kenntnisse in einer Ritualsprache fest, die ebenfalls nur ihnen selbst bekannt war.

dem besonderen Umstand, dass Zungenbein und Kehlkopf im Rachen abgesenkt sind. Dadurch entsteht ein vergrößerter Rachenraum, der die Resonanzbildung erleichtert. Hinzu kommt, dass die Zunge mehr Spielraum hat.

Die einzigartige Lautsprache eröffnet für Menschen die Möglichkeit, sich mit Mitmenschen über alle denkbaren Aspekte des Lebens und Erlebens auszutauschen. Mithilfe der Sprache werden Gedanken und Gefühle vermittelt, Erkenntnisse gefestigt und weitergegeben. Die Ausstellungsmacher des Übersee-Museums formulieren es so: „Sprache gehört zu den wichtigsten

Orientierungssystemen einer Kultur." Nach ihren Angaben gibt es zurzeit weltweit schätzungsweise 6500 gesprochene Sprachen. Eine genaue Zahl lasse sich nicht ermitteln, da die Grenze zwischen Sprachen und Dialekten, das heißt regionalen Varianten bestimmter Sprachen, nicht immer eindeutig zu erkennen sei. Den Besuchern der Ausstellung „Erleben, was die Welt bewegt" begegnet eine große Weltkarte, die als interaktive Sprachenkarte konzipiert ist. Das heißt: Sie bietet die Möglichkeit, sich bestimmte Sprachen anzuhören und so ein Gefühl für deren Eigenarten zu bekommen.

Die Ausstellung macht aber auch deutlich, dass auch nichtsprachliche Signale in der menschlichen Verständigung eine herausragende Rolle spielen. Wer beispielsweise an einer Ampel steht und grün oder rot aufleuchtende Männchen sieht, weiß diese Botschaften zu deuten. An den aus Ostdeutschland übernommenen grünen Pfeil für Rechtsabbieger mussten sich Westdeutsche hingegen erst gewöhnen. Mit anderen Worten: Signale zu verstehen erfordert Wissen beziehungsweise einen entsprechenden kulturellen Hintergrund. Niemand weiß das besser als die Experten des Übersee-Museums, die sich von Berufs wegen mit den unterschiedlichsten Kulturen beschäftigen.

So weist die Völkerkundlerin Dorothea Deterts auf die Bedeutung des sogenannten Zeremonialstuhls für ein Volk in Ozeanien hin. Dieser Stuhl trägt seinen Namen eigentlich zu Unrecht, denn zum Sitzen ist er nicht gedacht. Europäer haben ihm diesen Namen gegeben, weil er sie an einen Stuhl erinnerte. Tatsächlich verkörpert der Gegenstand, dessen „Rückenlehne" – um im Bild zu bleiben – von einer Ahnfigur gebildet wird, den Geist der Ahnen. Nach den Worten von Dorothea Deterts steht der Stuhl im Männerhaus. „Bei Diskussionen treten die Redner vor und legen während ihrer Rede für jedes Argument ein Pflanzenbüschel auf den Stuhl", erklärt die Völkerkundlerin. Dadurch werde deutlich gemacht, dass die Diskussion im Beisein der Ahnen erfolge.

Auch Kleidung, Frisuren oder auch Tätowierungen liefern Beispiele für eine nicht-sprachliche Kommunikation. Dorothea Deterts verweist in diesem Zusammenhang unter anderem auf die Maori, ein indigenes Volk in Polynesien. Ihre typischen Tätowierungen sagten traditionell etwas darüber aus, zu welcher gesellschaftlichen Gruppe sie gehörten. „Heute zeigen die Menschen auf diese Weise, dass sie stolz sind, Maori zu sein", erklärt die Expertin.

Um solche Botschaften zu verstehen, muss man die Menschen beziehungsweise die entsprechende Kultur kennen. Ein Beispiel dafür, wie Botschaften kulturell unterschiedlich transportiert werden, liefert in der Ausstellung ein ruhender Buddha aus Thailand. Die Figur liegt auf der rechten Seite. Der Kopf wird von der rechten Hand gestützt, während der linke Arm ausgestreckt an der linken Körperseite liegt. In der indischen Bildsprache stellt diese Körperhaltung das Eintreten in das Nirwana, das endgültige Verlöschen, dar. In Thailand hingegen steht sie für den ruhenden Buddha. Von den Sprachen der Welt werden viele ausschließlich gesprochen, das heißt: Nur ein kleiner Teil von ihnen verfügt über eine eigene Schrift. Mit deren Entwicklung eröffneten sich für die Menschheit völlig neue Möglichkeiten. Nun wurde es möglich, Menschen auch dann Informationen zu vermitteln, wenn diese sich an ganz anderen Orten aufhielten. „Im digitalen Zeitalter wird Schrift zum Medium, um Wissen weltweit abzurufen", betont das Übersee-Museum, verweist aber zugleich darauf, dass das Internet auch Ungleichheit beziehungsweise eine Kluft erzeuge – zwischen Arm und Reich, Vernetzten und Nichtvernetzten. Versinnbildlicht wird dies in der Ausstellung mit einer Monitorinszenierung. Filme veranschaulichen dabei Auswirkungen des Internets.

Hier zeigt sich einmal mehr, dass der Weg von der Kommunikation zur Bildung nicht weit ist – handelt es sich doch bei der Bildung oftmals um die „Vermittlung von Gedanken, Wissen und Fähigkeiten", wie es einmal Henry R. Cassirer, von 1952 bis 1971 Direktor für Massenmedien und Ausbildung bei der UNESCO, formuliert hat. Von ihm stammen auch diese Sätze: „Die soziale Wechselbeziehung, die Kontinuität der Gesellschaft von der Vergangenheit über die Gegenwart in die Zukunft, erfordert die Weitergabe von Wissen und Fähigkeiten, von Kulturgut und ethischen Werten. Hier liegt die Identität von Kommunikation und Bildung in ihrer zweifachen Aufgabe, den Einzelnen auf die Traditionen und Perspektiven, die Werte und Forderungen der Gesellschaft hinzulenken und dem unvoreingenommenen Bürger und dem wissbegierigen Lernenden zur Erfüllung seines Strebens zu verhelfen." JÜRGEN WENDLER

Sex & Gender

Manchmal verlaufen Unfälle im Zirkus glimpflich, wie hier die haltungsbedingte Kreuzung zwischen Zebra und Pferd.

Sex & Gender

Am Anfang kam das Leben ohne Sex aus: Vor etwa 4,5 Milliarden Jahren vermehrten sich Organismen durch Teilung oder Sprossung. Später entwickelten sich Formen der sexuellen Fortpflanzung. Heute kennen wir im gesamten Reich der Lebewesen beide Arten der Vermehrung, und bisweilen lassen sich unterschiedliche Geschlechter ausmachen. Im Tierreich bleibt dieses Geschlecht meist zeitlebens ausschlaggebend.

Menschliche Gesellschaften schreiben einem Menschen ein oder mehrere Geschlechter und auch verschiedene Geschlechterrollen zu, die sich stets verändern. Das kulturell zugeschriebene Geschlecht, Gender, ist oft unabhängig von dem biologischen Geschlecht, Sex, und dem sexuellen Verhalten des Menschen. Die globale Vernetzung zeigt uns fremde Gender-Vorstellungen und stellt die eigenen infrage. Diese Auseinandersetzung führt häufig zu Veränderungen mit einer neuen Dynamik.

Der Rackelhahn ist das Ergebnis einer in der Natur vorkommenden, fruchtbaren Kreuzung zwischen Birkhuhn und Auerhahn.

Sex macht fit

Alle Lebewesen haben die Fähigkeit, sich zu vermehren, doch sind die Muster und Wege dorthin sehr unterschiedlich. Während sich Bakterien und manche Pilze durch einfache Zellteilung vermehren, bilden andere Organismen zunächst spezielle Keimzellen aus. Bei der Befruchtung verschmelzen diese dann: Oft sind es das weibliche Ei und der männliche Samen, aber die Natur hat auch hier Ausnahmen entwickelt.

Wie man an dem großen Erfolg von Bakterien sieht, ist die ungeschlechtliche Vermehrung grundsätzlich nicht schlechter als die geschlechtliche oder sexuelle. Manche Tier- und Pflanzenarten wechseln auch zwischen beiden ab. Allerdings ermöglicht erst die sexuelle Fortpflanzung genetisch unterschiedliche Nachkommen und kann so auf rasche Änderungen der Umweltbedingungen relativ schnell reagieren.

Weinbergschnecken sind wie alle Schnecken zwar Zwitter, benötigen zur Fortpflanzung aber trotzdem einen Partner, um den Samen auszutauschen.

Just Bi

Kulturen schreiben Personen ein Geschlecht zu, was aber oft über die Zweiteilung in männlich und weiblich hinausgeht. Diese Zuschreibung folgt nicht immer dem biologischen Geschlecht. In manchen Kulturen gilt ein Junge als weiblich und erst durch die Penisbeschneidung als männlich. So kann einem Menschen im Laufe seines Lebens einmal oder mehrmals ein anderes Geschlecht zugeschrieben werden.

Nicht nur Menschen, sondern auch Dinge haben in vielen Kulturen ein oder mehrere Geschlechter, und wie bei den Personen können sich diese Geschlechtszuschreibungen im Laufe der Zeit ändern.

Maske des Frauenbundes
Mende, Sierra Leone

Die Mitglieder des Frauenbundes unterwiesen die Mädchen während der Initiationszeit in ihre neue Rolle als Mutter und Ehefrau. Zum Abschluss begleiteten die neu initiierten Frauen die Maskentänzerinnen des Frauenbundes

Reifeprüfung

Eine Initiation, das heißt eine Aufnahme in eine Gemeinschaft, wird häufig von Ritualen begleitet – so auch das „Erwachsenwerden". Auch in unserer Kultur finden sich solche einschneidenden Ereignisse: Kommunion oder Konfirmation, Führerschein oder der erste Sex. Als Erwachsener ändern sich die Beziehungen zwischen den Geschlechtern.

In der Tradition der Dan in Liberia und der Elfenbeinküste werden die Jungen in einem abgeschiedenen Lager von ihren Betreuern initiiert und erzogen. Beim Verlassen des Buschlagers gilt der Junge als neugeboren, als Mann und als heiratsfähiges Mitglied der Gemeinschaft. Bei den Mende in Sierra Leone und Liberia werden die Mädchen früher in ihre Rechten und Pflichten als Mitfrau in einem Mehrfrauen-Haushalt unterwiesen und als Frauen in den Frauenbund aufgenommen.

*Mutter-und-Kind-Figur
Aschanti, Ghana*

Die Figuren stellen keine lebenden oder verstorbenen Personen dar, sondern versinnbildlichen das Fortbestehen des Lebens. Die genaue Funktion der Mutter-Kind-Figuren ist nur selten bekannt.

Frau, Mutter, Großmutter

In Westafrika stehen weibliche Darstellungen für das Sinnbild der Fruchtbarkeit. Frauen können Kinder gebären und viele ernähren ihre Familie. So sichern sie deren Erhalt. Das Bild der Mutterschaft steht deshalb gleichsam als Modell für Entstehung und Bestehen der Welt, der Menschheit und der eigenen Kultur.

Frauen haben in Afrika schon immer gesellschaftliche Aufgaben erfüllt, die weit über Kinder und Küche hinaus reichen. Durch Heirat oder andere Rituale werden Mädchen in den Kreis der Frauen aufgenommen. Kinderlosigkeit gilt in vielen afrikanischen Gesellschaften als großes Unglück. Ein weiterer einschneidender Lebensabschnitt ist die Menopause, denn nun können die Frauen oft wichtige soziale und politische Aufgaben und Positionen übernehmen.

*Doppelfigur
Admiralitäts-Inseln,
Papua-Neuguinea*

Frauen und Männer hatten früher Ziernarben auf Brust, Schultern und Oberarmen. Die Muster konnten sich je nach Geschlecht unterscheiden.

Rollenwechsel

Frau-Sein oder Mann-Sein ist keine starre kulturelle Zuschreibung. Je nach Situation und Gegenüber wechselt eine Person ihre Geschlechterrolle – mal Ehepartner, mal Elternteil, mal Kind. Hierbei geht es nicht allein um das Verhältnis zwischen den Geschlechtern, sondern auch um die Beziehungen innerhalb einer Geschlechtergruppe. Denn innerhalb ihres Lebens durchlebt eine Person abhängig vom Alter und von den Lebensumständen, wie Initiation, Heirat, Elternschaft, Großelternschaft, Witwenschaft, verschiedene Rollen. In vielen Kulturen lässt sich die Geschlechterrolle anhand von Kleidung und Schmuck ablesen.

Geschlechterrollen im Wandel

„Sex & Gender": In der Wissenschaft hat dieses Begriffspaar in den letzten Jahren zunehmend an Bedeutung gewonnen. Dahinter steht die Erkenntnis, dass das biologische Geschlecht (Sex) und das kulturelle (Gender), das heißt die Rollen, die Frauen und Männern in unterschiedlichen Kulturen zugewiesen werden, zweierlei sind. Die enge globale Vernetzung durch moderne Verkehrs- und Kommunikationsmittel bedeutet zugleich, dass Menschen anderen Vorstellungen zur Rolle der Geschlechter begegnen – unter Umständen mit der Folge, dass sie über ihre eigenen kritisch nachdenken. Dies kann auch zu gesellschaftlichen Veränderungen führen. Auch deshalb gibt das Übersee-Museum dem Thema in seiner neuen Ausstellung „Erleben, was die Welt bewegt" breiten Raum.

Reisen ist eine Möglichkeit, andere Vorstellungen zur Rolle der Geschlechter kennenzulernen. Eine andere besteht darin, sich mit Geschichte zu befassen. Dass sich auch in Europa im Laufe der Jahrhunderte vieles verändert hat, zeigt sich besonders beim Blick auf die Rolle der Frau. So ist es in historischen Maßstäben noch gar nicht so lange her, dass Frauen auch in der Wissenschaft Fuß fassen konnten. Die ersten Studentinnen durften sich im Jahr 1901 an deutschen Universitäten einschreiben, und zwar in Heidelberg und Freiburg.

Zu jener Zeit waren Mädchenschulen noch gang und gäbe. Mädchen, die in den Genuss einer längeren Schulausbildung kommen wollten, hatten die Möglichkeit, ein sogenanntes Lyzeum zu besuchen. Dort spielte auch die Vorbereitung auf hausfrauliche und soziale Tätigkeiten eine wichtige Rolle. Neben das alte weibliche Bildungsideal trat nun aber für Mädchen die Möglichkeit, das Gleiche zu lernen wie Jungen.

Dass dies ein Fortschritt war, wird klar, wenn man sich bewusst macht, was noch im 18. Jahrhundert der Aufklärungsphilosoph Jean-Jacques Rousseau in seinem Erziehungsroman „Emile" über die Mädchenerziehung geschrieben hatte. Die Frau war nach Ansicht von Rousseau „zum Gehorsam geboren" und dazu bestimmt, dem Mann zu gefallen. Sanftmut, Anmut und Kunstfertigkeiten wie Nähen oder Sticken hielt er dementsprechend für wichtiger als das Lesen- und Schreibenlernen.

Der Philosoph vertrat keineswegs eine Einzelmeinung, sondern stand mit seinen Aussagen in einer langen Tradition. Schon in der griechischen Antike, in der Welt des Dichters Homer vor fast drei Jahrtausenden, galt die Frau als Hüterin der edlen Sitten, die sich zudem durch haushälterische Klugheit und häusliche Gebundenheit auszeichnete. Allerdings liefert gerade auch die griechische Antike mit der Stadt Sparta ein besonders gutes Beispiel für Unterschiede im Verständnis der Geschlechterrollen und dafür, wie eng diese mit den jeweiligen gesellschaftlichen Anforderungen verknüpft waren. In Sparta galten kriegerische Tüchtigkeit und Gehorsam gegen den Staat als größte Tugenden. Sowohl Jungen als auch Mädchen wurden schon im Alter von sechs Jahren aus ihren Familien herausgenommen und in besonderen Anstalten öffentlich erzogen. In der Mädchenerziehung kam es nicht auf weibliche Anmut, sondern auf einen abgehärteten, kräftigen Körper an. Gymnastik und Sport spielten deshalb eine zentrale Rolle.

Das Übersee-Museum lenkt den Blick in seiner neuen Ausstellung unter anderem auf den afrikanischen Kontinent. „In Westafrika sind weibliche Darstellungen Sinnbild der

Uli-Figur
Mittleres Neuirland, Papua-Neuguinea

Solche Figuren stellten früher in Zeremonien zur Fruchtbarkeit oder zur Erinnerung an Verstorbene keine konkreten Personen, sondern Lebenskraft dar. Die männlichen Merkmale stehen für körperliche Kraft, die weiblichen Brüste für Fruchtbarkeit.

Fruchtbarkeit. Frauen können Kinder gebären, und viele ernähren ihre Familie. So sichern sie deren Erhalt. Das Bild der Mutterschaft steht deshalb gleichsam als Modell für die Entstehung und das Bestehen der Welt, der Menschheit und der eigenen Kultur", sagt die Völkerkundlerin Dorothea Deterts. Kinderlosigkeit gilt in vielen afrikanischen Gesellschaften als großes Unglück. Nach den Worten der Expertin haben Frauen in Afrika aber schon immer auch gesellschaftliche Aufgaben erfüllt, die weit über Kinder und Haushalt hinausreichen. Insbesondere nach der Menopause übernähmen sie oftmals wichtige soziale und politische Aufgaben und Positionen. Hier zeige sich zugleich, dass sich Geschlechterrollen im Laufe eines Lebens verändern könnten.

Die Ausstellung „Erleben, was die Welt bewegt" liefert zahlreiche Beispiele dafür, wie sich das kulturelle Geschlecht von Menschen wandelt. So gelten laut Dorothea Deterts in einer Kultur des Inselstaats Papua-Neuguinea Jungen vor der Penisbeschneidung als weiblich. „Wenn ein nicht initiierter Junge gestorben ist, wird er wie eine Frau beerdigt", erklärt die Völkerkundlerin. Erst nach dem Initiationsritual der Beschneidung werde ein Junge als männlich angesehen.

Überall auf der Welt sind Beispiele dafür zu finden, wie Rituale den Rollenwechsel im Laufe eines Lebens markieren. Dabei muss es nicht zwangsläufig um den Wechsel von Geschlechterrollen gehen, wie nicht zuletzt Kommunion und Konfirmation belegen. Steht hier die Rolle als Christ beziehungsweise die Mitgliedschaft in der Gemeinschaft der Gläubigen im Vordergrund, so ist es in anderen Fällen allein der Übergang in die Welt der Erwachsenen. Bei den Dan, einer ethnischen Gruppe in Westafrika, werden die Jungen in einem abgeschiedenen Lager von ihren Betreuern erzogen und initiiert. Beim Verlassen des Buschlagers gilt der Junge als neugeboren, als Mann und heiratsfähiges Mitglied der Gemeinschaft. Von der Gruppe der Mende in Sierra Leone und Liberia ist bekannt, dass Mädchen bei der Initiation über ihre Rechte und Pflichten als Ehefrau aufgeklärt werden. Dies ist die Voraussetzung, um in den Frauenbund aufgenommen zu werden. Die Ehefrauen leben mit mehreren anderen Ehefrauen in einem Haushalt zusammen.

Wie der Biologe Peter-René Becker vom Übersee-Museum betont, nimmt der Mensch, was die Unterscheidung zwischen Sex und Gender angeht, eine Sonderstellung ein. Im Tierreich seien bislang keine Geschlechterrollen nachgewiesen worden, die vom biologischen Geschlecht abwichen – nicht einmal bei den nächsten Verwandten des Menschen, den Schimpansen. Trotzdem bietet auch das Tierreich beim Thema Geschlecht ein äußerst vielschichtiges Bild, das die neue Ausstellung mit vielen Beispielen nachzeichnet. Alle Lebewesen verfügen über die Fähigkeit, sich zu vermehren, aber sowohl bei der ungeschlechtlichen als auch bei der geschlechtlichen, das heißt sexuellen, Fortpflanzung gibt es viele unterschiedliche Wege.

Die ersten Lebewesen pflanzten sich vor mehreren Milliarden Jahren durch Teilung oder Sprossung fort, also ungeschlechtlich oder asexuell. Die sexuelle Fortpflanzung entwickelte sich erst später. Aber warum? Biologen sind überzeugt, dass die Ursache in den Vorteilen der größeren Variabilität liegt, das heißt in der Möglichkeit, mehr unterschiedliche Nachkommen hervorzubringen, die sich bei unterschiedlichen Lebensbedingungen behaupten können. Der Begründer der modernen Evolutionstheorie, Charles Darwin (1809 bis 1882), sah darin einen entscheidenden Mechanismus in der Entwicklungsgeschichte des Lebens. Lebewesen erzeugen viele Nachkommen, von denen nach seinen Erkenntnissen jene überleben und ihrerseits Nachkommen hervorbringen, die aufgrund ihrer Anlagen

Bei Krokodilen entscheidet die Temperatur, bei der die Eier ausgebrütet werden, ob das Junge ein Männchen oder Weibchen wird.

gut an die herrschenden Bedingungen angepasst sind. Dies bezeichnete er als natürliche Auslese oder Selektion.

Worauf die größere Variabilität bei der sexuellen Fortpflanzung beruht, lässt sich leicht nachvollziehen, wenn man sich vor Augen führt, was genau mit dem Erbmaterial bei der Vermehrung geschieht – zum Beispiel beim Menschen. Damit Zellen bestimmte Eiweißstoffe herstellen, die mit anderen Eiweißstoffen zusammenwirken und so etwa das Aussehen der Augen oder der Haare bestimmen, müssen sie entsprechende Arbeitsanweisungen erhalten. Diese codierten Informationen werden von den Genen geliefert, charakteristischen Folgen von

*Gefäß mit Deckel
China, 18./19. Jh.*

Auf dem Dekor dieses Gefäßes schweben ein Drache und ein Phönix. Mit der Zeit entwickelten sich diese mythischen Tiere zu Sinnbildern für Kaiser und Kaiserin oder allgemein für Mann und Frau und damit auch für die Ehe.

Basenpaaren in einem großen Molekül, der DNA (Desoxyribonukleinsäure). Die DNA findet sich in den Kernen menschlicher Körperzellen nicht etwa als ein einziges großes Gebilde, sondern aufgeteilt in 46 kleinere Gebilde, die sogenannten Chromosomen. Diese stammen je zur Hälfte von der Mutter und vom Vater.

Ei- und Samenzellen unterscheiden sich von den Körperzellen dadurch, dass sie nur 23 Chromosomen enthalten. Erst durch die Befruchtung beziehungsweise ihre Verschmelzung entstehen die Zellen mit 46 Chromosomen. Das heißt auf der anderen Seite auch, dass im Körper geschlechtsreifer Menschen der Chromosomensatz bei der Herstellung der Ei- oder Samenzellen halbiert werden muss. Dies geschieht in den Eierstöcken und Hoden. Dabei besteht eine Vielzahl von Möglichkeiten, die jeweils 23 Chromosomen von der Mutter und vom Vater neu zu kombinieren. Genau genommen sind es 2^{23}, also mehr als acht Millionen. Jede von einem Menschen erzeugte Geschlechtszelle enthält also eine von mehr als acht Millionen möglichen Kombinationen von mütterlichen und väterlichen Chromosomen. Verschmelzen eine Ei- und eine Samenzelle, beträgt die Menge an möglichen Kombinationen 2^{23} mal 2^{23}, das heißt mehr als 70 Billionen. Da es außerdem passieren kann, dass nur Teile von mütterlichen und väterlichen Chromosomen neu kombiniert werden, lässt sich leicht ermessen, wie gewaltig die Zahl an Möglichkeiten sein muss. Dies erklärt auch, warum sich Brüder und Schwestern stark unterscheiden können. Mit anderen Worten: Alle Menschen sind einzigartig.

Bei der ungeschlechtlichen Fortpflanzung, wie sie sich zum Beispiel bei Bakterien findet, gibt es die Möglichkeit, Erbgut neu zu kombinieren, nicht. Ein Lebewesen, das sich asexuell fortpflanzt – sei es durch Teilung, Sprossung oder auch durch Knospung –, erzeugt einen Klon, ein genetisch identisches Lebewesen. Die einzige Möglichkeit, dass sich das Erbgut verändert, besteht in diesem Fall in einer Mutation. Zu deren möglichen Ursachen zählen Umwelteinflüsse, so etwa bestimmte Stoffe oder Strahlen. Sie können bewirken, dass sich das Erbgut einer Zelle verändert und dass diese Veränderung dann an Tochterzellen weitergegeben wird.

Nach den Worten des Biologen Becker bedeutet das Fehlen von Kombinationsmöglichkeiten bei der ungeschlechtlichen Fortpflanzung nicht, dass diese grundsätzlich der schlechtere Weg wäre. Die Erfolgsgeschichte der Bakterien, die sich selbst unter den schwierigsten Bedingungen behauptet hätten, beweise, dass auch diese Strategie von großem Nutzen sei. Außerdem gebe es Tier- und Pflanzenarten, die sich sowohl geschlechtlich als auch ungeschlechtlich fortpflanzen könnten.

Wie der Mensch, so vermehren sich auch Säugetiere, Fische, Vögel, Echsen und viele andere Lebewesen sexuell. Selbst bei Pilzen und beim Malariaerreger, einem einzelligen Parasiten der Gattung Plasmodium, sei diese Art der Fortpflanzung anzutreffen, erläutert Becker. Dass diese allerdings sehr unterschiedlich aussehen kann, veranschaulicht die neue Ausstellung des Übersee-Museums mit einer ganzen Reihe von Beispielen. So wird das Geschlecht bei Krokodilen nicht wie beim Menschen durch ein bestimmtes Chromosom, sondern durch die Umgebungstemperatur festgelegt. Bei australischen Bartagamen, einer Reptilienart, haben Wissenschaftler Hinweise entdeckt, dass bei einer erhöhten Temperatur die Zahl der Weibchen unter den Neugeborenen zunimmt. „Solche Beispiele machen auch deutlich, welche weitreichenden Folgen der Klimawandel haben kann", sagt Becker.

Jürgen Wendler

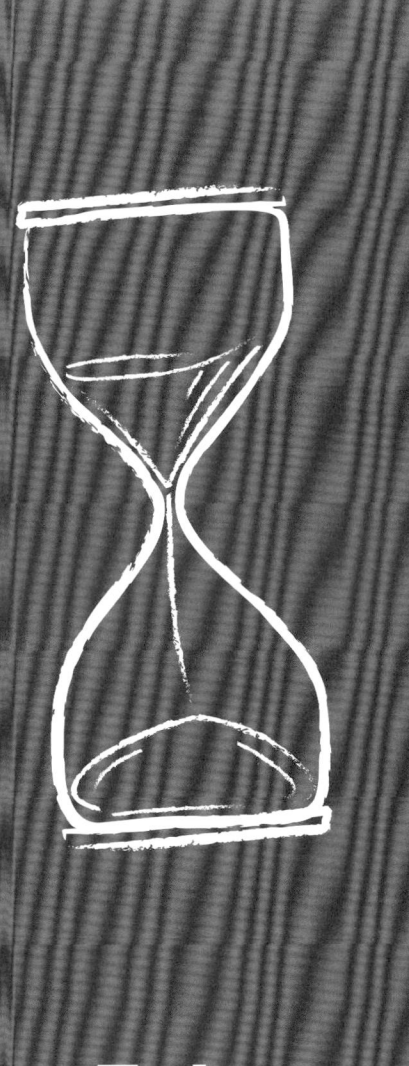

Zeit

Zeit

Es gibt Begriffe, die jeder Mensch versteht, und die deshalb scheinbar nicht näher bestimmt zu werden brauchen. „Zeit" gehört dazu: Jeder glaubt zu wissen was gemeint ist, aber kaum einer kann das Phänomen erklären. Außerdem haben nicht alle Kulturen die gleiche Vorstellung von Zeit und nicht alle Individuen das gleiche Zeitgefühl. Die Tatsache, dass auch manche Tierarten ein sehr genaues Verständnis von Zeitabläufen haben, macht den Sachverhalt nicht einfacher.

Jeder braucht Zeit und kaum einer hat genügend davon. Wir klagen darüber, auch wenn das Kommunikationszeitalter uns scheinbar Zeit gewinnen lässt. Durch technische Entwicklungen in den Bereichen Kommunikation und Transport sind zeitliche Entfernungen geschrumpft. Zeit wird als Ressource gesehen – aber kann man Zeit überhaupt sparen?

Zeit: Mehr als ein Gefühl

Unser Leben ist vom Gefühl für Zeit bestimmt. Dabei hat die Zeit selbst gar kein Tempo. Wir erfahren Zeit durch Bewegung und Veränderung. Wir messen Zeit durch den Vergleich. Aber die Wahrnehmung von Zeit hat ihre Grenzen. Einen kürzeren Augenblick als eine Tausendstelsekunde, die Dauer eines Flügelschlags einer Fliege, können die Neuronen im menschlichen Gehirn nicht fassen. Unsere Augen und Ohren nehmen eine so kurze Zeitspanne noch gar nicht wahr. Unser Hörsinn erkennt nämlich zwei aufeinander folgende Töne erst, wenn sie vier Tausendstelsekunden auseinander liegen. Unser Sehsinn ist noch träger: Er braucht 20 bis 30 Tausendstelsekunden, um zwei Reize zeitlich unterscheiden zu können.

Dieser Küstenmammutbaum aus Kalifornien wurde mindestens 2333 Jahre alt, wie seine Jahresringe verraten. Die Baumscheibe lässt erkennen, dass der Baum in dieser Zeit mehrere Waldbrände unbeschadet überstanden hat.

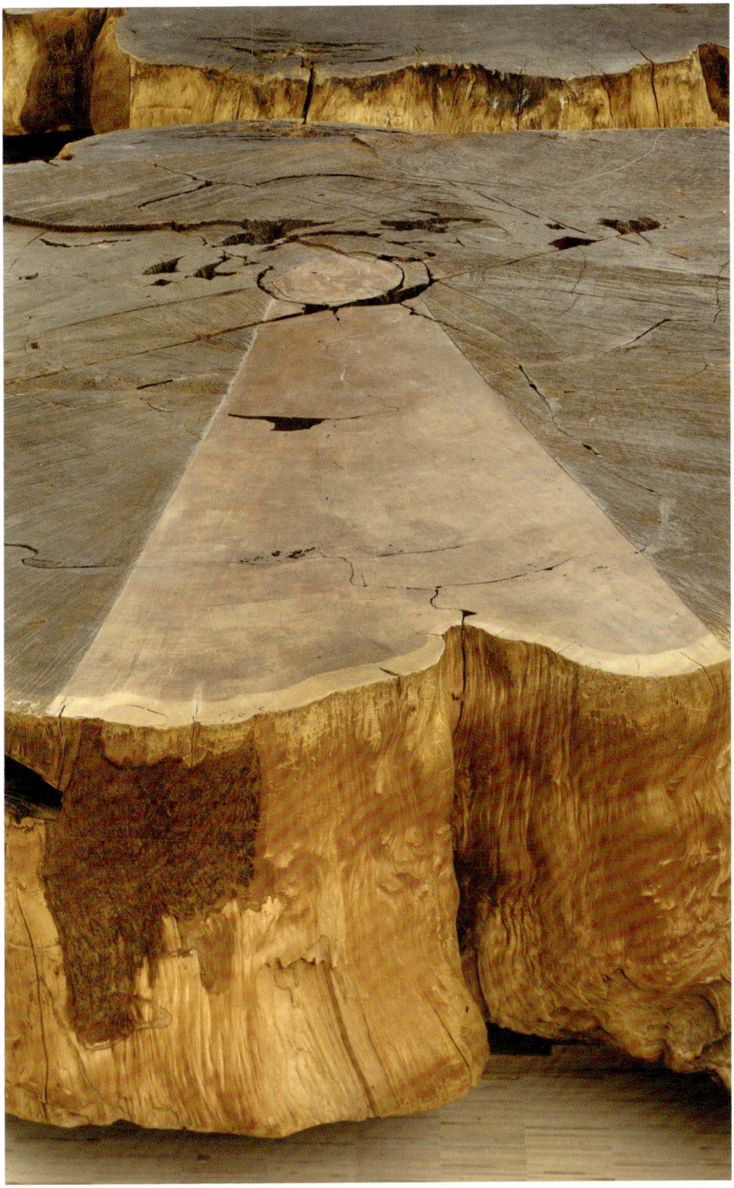

Der Nandu ist ein südamerikanischer Laufvogel. Das Brüten, Schlüpfen, Wachsen und Eierlegen folgt einem Verständnis von zyklischem Wachstum.

Vom Wachsen in der Zeit

Neben der Fähigkeit zur Vermehrung, ist das Wachstum ein weiteres Kennzeichen des Lebens. Organismen können schnell und langsam, in die Höhe und in die Breite, nach oben und nach unten wachsen, jedes Wachstum hat seine Zeit. Phasen des Längenwachstums nehmen wir als linear wahr, die Jahreszeiten mit ihren Phasen des Fruchtens und Verblühens als zyklisch. Gleichsam augenfällig erscheint uns zyklisches Wachstum bei den Jahresringen der Bäume.

So wie die einzelnen Organismen Zeit zum Wachsen brauchen, ist auch die Artenzahl der Lebewesen abhängig von der Zeit: Je länger die Evolution Zeit hat zu wirken, desto größer ist die Chance, dass die Zahl der Arten zunimmt. Auch hier gilt, dass die Regel von den Ausnahmen bestätigt wird.

Kriegervitrine
Massai, Tansania/Kenia

Krieger kümmern sich um das Wohlergehen der Kameraden in ihrer Altersklasse und der ganzen Gemeinschaft. Wenn sie Krieger werden, erhalten sie neue Kleidung und Schmuck. Heute tragen die Krieger nur noch selten solche Gesichtsrahmen aus Straußenfedern.

Älterwerden – gruppenweise

Alter wird in vielen Kulturen nicht in Jahren ausgedrückt. Bei den Massai in Kenia und Tansania sind die Männer in drei Altersklassen – „unbeschnittene Jungen", „Krieger" und „Ältere" – und weitere untergeordnete Gruppen eingeteilt. Alle männlichen Jugendlichen, die während desselben mehrjährigen Zeitraums beschnitten wurden, bleiben ihr Leben lang in einer Altersklasse und durchlaufen alle weiteren Übergangsriten gemeinsam.

Durch das Altersklassensystem ist die Stellung eines Mannes innerhalb der Gesellschaft festgelegt. Bei den Frauen wird das Alter weder in Jahren noch in solchen Altersklassen gezählt. Ihre Stellung ist abhängig von Beschneidung, Heirat, Mutterschaft, Großmuttersein und Menopause. Alter und gesellschaftliche Stellung erkennt man vor allem am Körperschmuck der Massai.

Trotz seines hohen Alters von etwa fünf Milliarden Jahren kann man einen Eisenmeteorit heute ziemlich genau datieren.

Vom Tempo der Welt

Erde, Sonne, Mond und Sterne bestimmen die Zeiteinheiten der Menschen bei Tag und Nacht. Doch je nachdem, ob man sich nach der Sonne oder dem Mond richtet, ist das Jahr unterschiedlich lang. Nicht alle Kulturen zählen die einzelnen Jahre, sondern die Regierungszeiten ihrer Herrscher. Kaum nachvollziehbar sind die Millionen von Jahren, die wir beim Datieren von Fossilien ermitteln können. Um ein Jahr weiter einzuteilen, haben viele Kulturen Kalender mit Schalttagen, die das Kalenderjahr dem astronomischen Jahr angleichen.

Seit Jahrhunderten wird versucht, die Zeit durch übergreifende Kalender oder eine Weltzeit zu vereinheitlichen. Aber bei allen Bemühungen zeigt sich immer wieder, wie unterschiedlich das Zeitverständnis ist und wie schnell es zu Missverständnissen in der internationalen Kommunikation kommen kann.

Maske
vermutlich matua
Nord-Neuirland, Papua-Neuguinea

Zum Gedenken an die Toten werden in Neuirland bis heute Feste ausgerichtet, bei denen die Verstorbenen geehrt und ins Jenseits verabschiedet werden.

Erinnern und Vergessen

Die Zeit, die jeder am eigenen Körper erfährt, ist bestimmt durch Altern und Sterben. Die Religionen der Welt geben unterschiedliche Antworten auf die Frage, was auf den Tod folgt. Manche gehen von einem geradlinigen Verlauf der diesseitigen und jenseitigen Zeit aus, andere Religionen denken in Kreisläufen: Die Yoruba in Nigeria glauben an einen „Zwischenhalt" im Jenseits vor der Rückkehr auf die Erde, Christen an die Auferstehung der Toten, Buddhisten an einen Kreislauf der Wiedergeburten und die Alt-Ägypter an ein ewiges Leben im Totenreich.

Tod ruft bei allen Menschen Trauer hervor, der Umgang mit den Verstorbenen ist jedoch ganz unterschiedlich. Tote werden gefeiert, verabschiedet oder wie die Lebenden als Teil der Gruppe angesehen. Dann ist der Tod Grundlage des Lebens und stärkt das Zusammengehörigkeitsgefühl.

Snake Dreaming
Biddy Napaljari Rockman
1993

Aborigines stellen bis heute
Wesen und Geschehnisse aus
der Schöpfungszeit in Malereien dar.
Der Stil in der Malerei entfremdet
das dargestellte Ereignis so, dass nur
Eingeweihte die geheimen Inhalte
verstehen können.

Traumzeit

Die australischen Ureinwohner, die Aborigines, glauben an eine mythische Ur- und Schöpfungszeit, die so genannte Traumzeit. In dieser Zeit wanderten Wesen durch die Landschaft, formten sie und brachten den Menschen die Regeln des sozialen Lebens bei. Die Wanderwege, die Ereignisse auf den Wanderungen und die Erscheinungsformen dieser traumzeitlichen Wesen sind genau bekannt und werden in mündlichen Überlieferungen erinnert und weitergegeben.

Die Traumzeit wirkt noch heute: In Ritualen nehmen die Aborigines Kontakt zu den Schöpfungswesen auf, um die mythischen Vorgänge zu wiederholen, deren Kraft wieder wirksam zu machen und das Überleben der Menschen und ihrer Umwelt zu sichern. Zeit verläuft für die Aborigines somit nicht geradlinig, sondern in miteinander verschränkten Kreisläufen.

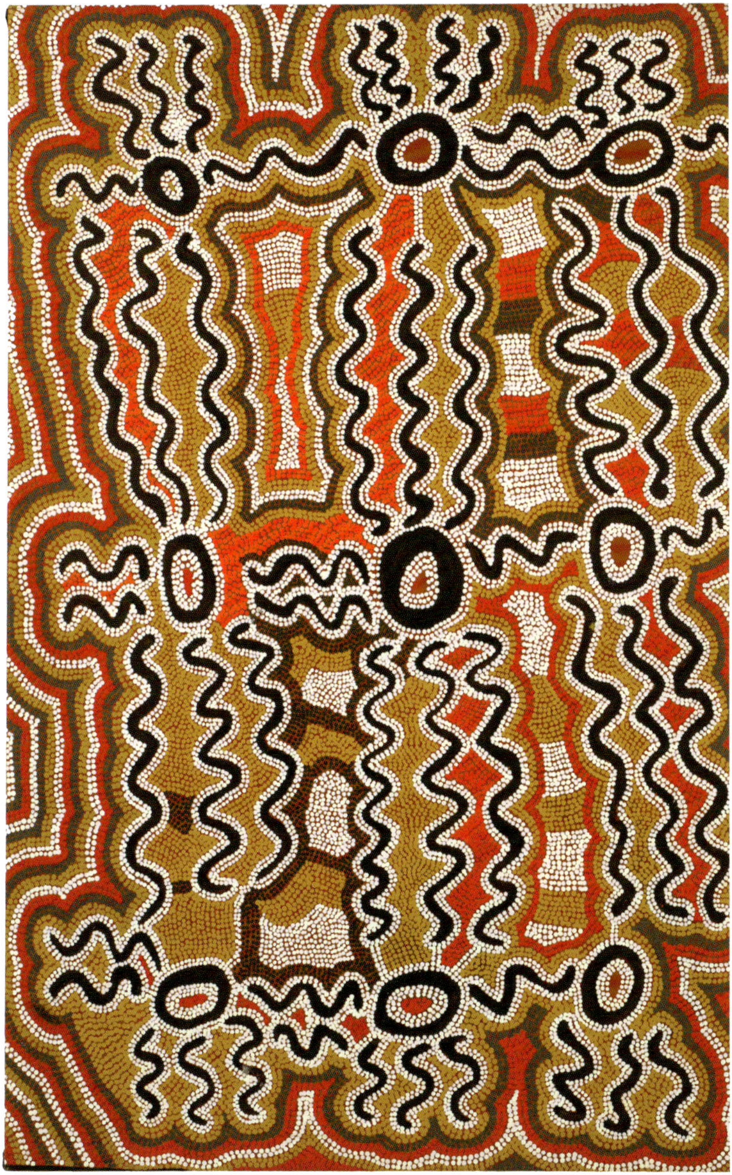

Alles hat seine Zeit

Am Sonntag entzünden sich hierzulande seit Jahrzehnten fast schon in schöner Regelmäßigkeit heftige Auseinandersetzungen. Die einen – allein an wirtschaftlichem Gewinn und unbegrenzten Konsummöglichkeiten interessiert – sähen die Einschränkungen bei den Ladenöffnungszeiten am liebsten beseitigt. Die anderen verweisen auf die Bedeutung des Sonntags als Tag „der Arbeitsruhe und der seelischen Erhebung" – eine Formulierung, die unverändert aus der Weimarer Reichsverfassung von 1919 in das Grundgesetz übernommen wurde. Dass es um mehr geht als eine x-beliebige Tradition, wird indes erst deutlich, wenn man den Blick weitet und das Thema Zeit grundsätzlicher betrachtet. Genau das tut das Übersee-Museum Bremen in seiner Ausstellung „Erleben, was die Welt bewegt".

Angesichts des Trends, im wirtschaftlichen Leben alle zeitlichen Schranken zu beseitigen, das heißt beispielsweise Geschäfte rund um die Uhr zu öffnen und selbst die Sonntagsruhe zu einem nicht mehr zeitgemäßen Relikt aus früheren Zeiten zu erklären, hat der Zeitforscher Karlheinz A. Geißler schon vor Jahren vor den Folgen der „Zeit ist Geld"-Mentalität gewarnt. „Wenn man die Gleichung ‚Zeit ist Geld' aufstellt, dann gilt die Maßlosigkeit neben dem Geld auch für die Zeit", schrieb er. In fast allen Lebensbereichen gehe es inzwischen um mehr Schnelligkeit beziehungsweise „gesteigerte Zeitgewinne". Dabei werde vergessen, dass es die oft geforderte Flexibilität nur in Verbindung mit einem orientierenden Maß geben könne. Dieses Maß hätten früher unter anderem die Natur oder auch die Kirche geliefert.

Um menschliches Miteinander zu pflegen, bedarf es Zeit. Für frühere Generationen war diese Erkenntnis eine Selbstverständlichkeit, die ihren Ausdruck nicht zuletzt in der Wocheneinteilung fand. Diese half, dem Leben ein orientierendes Maß zu geben, wobei die Dauer der Woche in den verschiedenen Kulturen voneinander abwich. Die alten Griechen rechneten mit einer zehn-, die Römer mit einer achttägigen Woche, die sie bezeichnenderweise mit einem Ruhe- und Festtag ausklingen ließen. Im Jahre 321 führte der römische Kaiser Konstantin I., der eine zentrale Rolle bei der Ausbreitung des Christentums spielte, per Gesetz die Sie-

Eine Galapagos-Riesenschildkröte verlässt nach Jahrzehnten das Magazin und kommt in die neue Ausstellung.

ben-Tage-Woche ein und legte den Sonntag als Ruhetag fest. Als nach dem Zweiten Weltkrieg in Deutschland neben dem arbeitsfreien Sonntag auch der freie Sonnabend zur Regel wurde, stand dahinter in erster Linie das Ziel, Familien mehr Zeit zu geben.

Was in Gesellschaften geschieht, die über kein orientierendes Maß mehr verfügen, lässt sich am Beispiel der stalinistischen Sowjetunion in der Zeit vor dem Zweiten Weltkrieg studieren. 1929 führte der Diktator Stalin sogenannte rollende Arbeitswochen zu je fünf Tagen ein. Dahinter stand das Ziel, die Maschinen besser auszulasten und die Familie als Hort traditioneller Lebensweisen aufzulösen. Jeder Sowjetbürger arbeitete vier Tage und hatte am fünften frei. Weil es keinen gemeinsamen Ruhetag mehr gab, litt jedoch das soziale Miteinander. Am Ende musste Stalin zur alten Sieben-Tage-Woche zurückkehren.

Der Physiker Isaac Newton sah die Zeit als etwas Absolutes, etwas gleichförmig Fließendes an. Albert Einstein hat dagegen die Erkenntnis gesetzt, dass Zeit etwas Relatives sei, das von der Bewegung eines Systems abhängt. Jedes System besitzt demnach seine eigene Zeit. Man muss allerdings kein Physiker sein, um zu wissen, dass Zeit im wirklichen Leben keineswegs etwas gleichförmig Fließendes ist: Mal scheint sie sich unendlich hinzuziehen, mal vergeht sie wie im Fluge. „Zwischen der subjektiv wahrgenommenen Zeit und der objektiv messbaren bestehen oft deutliche Unterschiede. So wird etwa eintönige Musik in der gleichen Zeitspanne als länger empfunden als abwechslungsreiche. Die Wahrnehmung von Zeit ist individuell und kulturell unterschiedlich ausgeprägt", betonen die Völkerkundlerin Dorothea Deterts und der Biologe Peter-René Becker vom Übersee-Museum. Die Besucher der neuen Ausstellung sollen dies an interaktiven Stationen selbst erleben können.

Der Biochemiker Friedrich Cramer, lange Jahre Direktor des Max-Planck-Instituts für experimentelle Medizin in Göttingen, betonte einmal in einem Aufsatz, dass sich mit der Newtonschen Zeit eine hocheffiziente Technik begründen lasse. Weil sie aber als mathematische „Idealisierung" losgelöst von den Gegenständen sei, sei sie ungeeignet, um dem Leben gerecht zu werden. Dieses sei durch Rhythmen geprägt. „Zur Definition des Lebendigen gehört, dass es sich bewegt, dass es eine Pulsfrequenz hat, eine Verdauung, einen Gang, Schritt, Trab oder Galopp, einen Tagesrhythmus, einen Stoffwechsel, Hormonzyklen, kurz: das Lebendige definiert sich aus seinen Frequenzen", schrieb Cramer.

Dass Lebewesen keine Uhr benötigen, um sich an die Rhythmen der Natur anzupassen, schildert Becker am Beispiel von Affen: „Wenn beispielsweise ein Orang-Utan durch sein Nahrungsrevier zieht, sich den Reifegrad der essbaren Früchte merkt und Wochen später pünktlich am richtigen Baum eintrifft, dann hat er ein Gefühl für Zeit." Mit diesem Gefühl jedoch mag sich der Mensch schon lange nicht mehr begnügen. Er lebt nach der Uhr, das heißt im Takt von Sekunden, Minuten und Stunden. Vor der Erfindung solcher Uhren nahmen es die Menschen mit der Zeit längst nicht so genau. So nutzten die alten Ägypter vor rund 5000 Jahren die charakteristischen Wasserstandsveränderungen des Nils im Laufe eines Jahres als Zeitmaß. Auch Sonnen- und Wasseruhren spielten schon früh eine Rolle. Um ein nach heutigen Maßstäben exaktes Zeitmaß entwickeln zu können, fehlten das Wissen und die technischen Möglichkeiten.

Inzwischen wird die Zeit auf die Sekunde genau angegeben. Die Grundlage zur Definition einer Sekunde lieferte bis weit ins 20. Jahrhundert hinein die Tageslänge. Die Sekunde wurde als der 86 400ste Teil eines Tages definiert. Weil sich die Erde aber ungleichmäßig und damit nicht immer in exakt 24 Stunden oder 86 400 Sekunden einmal um sich selbst dreht, suchten Forscher nach einem anderen Anhaltspunkt, den sie im Umlauf der Erde um die Sonne fanden. Zeitweilig galt die Sekunde als ein bestimmter Bruchteil eines bestimmten Jahres. Seit 1967 dienen Vorgänge in Cäsiumatomen als offizielle Grundlage für die Bestimmung der Dauer einer Sekunde, sprich: Die Atome in Atomuhren geben den Takt an.

Angesichts der Gepflogenheiten, die bei der ostafrikanischen Volksgruppe der Massai herrschen, nimmt sich ein solches Maß an Genauigkeit geradezu sonderbar aus. Wie Dorothea Deterts erklärt, liegt es den Massai sogar fern, ihr Alter in Jahren anzugeben. „Sie ordnen sich einfach einer von drei Klassen zu, den unbeschnittenen Jungen, den Kriegern und den Älteren." Die Ausstellung im Übersee-Museum geht auf diese Volksgruppe ein, ebenso wie auf die Versuche, verflossene Zeit in gewisser Weise zurückzuholen. Ein Bereich ist dem Thema Erinnern und Vergessen gewidmet. Zu sehen ist dort zum Beispiel ein farbenprächtiger mexikanischer Kerzenleuchter, der zu Allerheiligen und Allerseelen die Verstorbenen einladen soll, mit den Lebenden zu feiern.

Egal, wie genau oder ungenau die Zeit erfasst wird – ohne zeitliche

Ritual-Kalender der Batak
(porhalaan)
Batak, Sumatra

Bei allen wichtigen Ereignissen befragten die Batak früher den Priester nach einem günstigen Termin. Dieser zog seinen Ritualkalender zurate, der aus Bambusrohr mit einem eingeritzten Raster aus 12 oder 13 Monaten zu 30 Tagen bestand

Struktur ist das Leben nicht vorstellbar. Die Menschen, die vor Jahrtausenden die Erde bevölkerten, mögen keine genaue Tageszeit gekannt haben – um die Aufgabe, ihr Leben natürlichen Rhythmen anzupassen und zum Beispiel zu bestimmten Jahreszeiten die Äcker zu bestellen, kamen auch sie nicht herum. Wie der Tag, so liefert auch der Lauf des Mondes um die Erde – von einem Neumond zum nächsten benötigt der Trabant 29,53 Tage – ein festes Maß, das Menschen schon frühzeitig zu nutzen wussten.

Darüber, wie viele Monate ein Jahr und wie viele Tage ein Monat besitzen soll, entwickelten sie allerdings sehr unterschiedliche Vorstellungen. So unterteilte zum Beispiel der Kalender des mittelamerikanischen Kulturvolks der Maya das Jahr in 18 Monate mit jeweils 20 Tagen.

Ein grundlegendes Problem besteht darin, dass weder die Dauer des Sonnen- noch die des Mondjahres einer ganzen Zahl von Tagen entspricht. Begreift man das Jahr als Folge von zwölf Mondmonaten, also zwölf Abschnitten von einem Neumond zum nächsten, so kommt man auf rund 354,37 Tage. Nimmt man hingegen den Lauf der Erde um die Sonne als Maßstab, so dauert das Jahr etwa 365,24 Tage. Dabei handelt es sich zudem um einen Mittelwert, denn die Erde bewegt sich nicht mit gleichbleibender Geschwindigkeit. Um ihre Kalender mit den natürlichen Rhythmen abzugleichen, blieb den Menschen der unterschiedlichen Kulturen und Epochen nichts anderes übrig, als Schalttage oder sogar Schaltmonate einzufügen.

Davon, dass es viele unterschiedliche Möglichkeiten gibt, Kalender zu gestalten, zeugen auch die Monatsnamen September, Oktober, November und Dezember, in denen die lateinischen Ausdrücke für die Zahlen sieben bis zehn stecken. Sie erinnern daran, dass das Jahr im antiken Rom zunächst mit dem 1. März begann. Der September war also nicht der neunte, sondern der siebte Monat. Erst seit 153 vor Christus war es üblich, das Jahr am 1. Januar beginnen zu lassen.

Zu den Zielen der Experten vom Übersee-Museum gehört es auch, ein Gefühl dafür zu vermitteln, wie klein die zeitlichen Dimensionen, in denen Menschen denken, angesichts natürlicher Abläufe erscheinen. Schon die Tatsache, dass die Erde vor mehr als 4 500 000 000 Jahren entstanden ist, entzieht sich der menschlichen Vorstellungskraft. Wie

Kerzenleuchter für den Altar mit Restauratorin
Mexiko 1985

An Allerheiligen und Allerseelen wird in Mexiko der Tag der Toten gefeiert. Man glaubt, dass dann die Seelen der Verstorbenen für eine gemeinsame Feier zu ihren Familien zurückkehren. Dafür werden Gräber und Altäre geschmückt.

viel Zeit nötig war, um das Leben in seiner jetzigen Form zu entwickeln, veranschaulicht ein Blick auf die Evolution, die ebenfalls zu den Ausstellungsthemen gehört.

Wie Becker erklärt, sind die etwa 5000 Säugetierarten, die heute den Blauen Planeten bevölkern, im Laufe der vergangenen rund 70 000 000 Jahre entstanden. Von den Vögeln gebe es etwa 10 000, von den Fischen rund 30 000 wissenschaftlich beschriebene Arten. Ihre Geschichte ist älter als die der Säugetiere. Man kann es allerdings auch so sehen: Die Säuger – und damit auch der Mensch – sind noch vergleichsweise jung. Für manchen mag dieser Gedanke durchaus etwas Tröstliches haben.

Jürgen Wendler

Menschenrechte

Demonstration arbeitender Kinder, Peru 2006.

Menschenrechte

Am 10. Dezember 1948 verkündeten die noch jungen Vereinten Nationen die „Allgemeine Erklärung der Menschenrechte" (AEMR). Seitdem um neun verbindliche Abkommen ergänzt, gehören die Menschenrechte heute zum zwingenden Völkerrecht. Verstöße werden weltweit angeprangert, denn die Menschenrechte sind Fundament und Regel für die internationalen Beziehungen der globalisierten Welt. Die Rechte gelten für alle Menschen gleich und sollen gerichtlich einklagbar sein.

Dennoch sorgen die Menschenrechte in der Weltpolitik noch immer für Zündstoff. Mit zahlreichen Argumenten wehren sich Staaten gegen eine Einmischung in innere Angelegenheiten und verweisen auf unterschiedliche kulturelle Traditionen. Doch überall fordern Menschen mit Zivilcourage – allein und in sozialen Bewegungen – ihre Rechte ein und treiben deren Weiterentwicklung an.

Gut Ding will Weile haben

Die „Allgemeine Menschenrechtserklärung" von 1948 ist die Basis für eine Reihe von späteren Abkommen, die einzelne Rechte oder die Rechte von bestimmten Gruppen näher erläutern. Mit dem Beitritt zur UNO erkennen die Staaten die AEMR an, doch jede neue Übereinkunft bedarf ihrer gesonderten Zustimmung. Zivilpakt, Sozialpakt und sieben Konventionen liegen bis heute als internationale Verträge vor. Daneben sind in Europa, Afrika und Amerika regionale Chartas entstanden, die teilweise Besonderheiten ihrer engeren Kulturkreise aufgenommen haben. Die Unterzeichnung verpflichtet die Staaten zur Anerkennung eines Vertrages, doch erst mit der Bestätigung oder Ratifikation wird er schließlich gültig. Die Karte des Raoul-Wallenberg-Instituts zeigt den internationalen Stand der Menschenrechtspolitik.

Alles, was Recht ist

Von den Vereinten Nationen noch unter dem Eindruck der Gräuel des Zweiten Weltkriegs verfasst, wollte die „Allgemeine Erklärung der Menschenrechte" jedem Menschen ein Mittel in die Hand geben, sich vor staatlicher Willkür zu schützen. Anfangs als ein moralisches Versprechen verstanden, gilt die Erklärung heute als Gewohnheitsrecht der Völker. Sie enthält Rechte auf politische und auf persönliche Freiheit, auf Gleichbehandlung und auf Beteiligung an allen Belangen des Staates. Die Staaten sind verpflichtet, die wirtschaftlichen und sozialen Voraussetzungen dafür zu schaffen und diese Rechte in ihrem Hoheitsgebiet zu verwirklichen. Die Umsetzung kann schrittweise geschehen, wenn es etwa die wirtschaftlichen Möglichkeiten eines Staates nicht anders zulassen.

Die Welt am Pranger

Überall auf der Welt werden die Rechte der Menschen verletzt: zum Machterhalt von Staaten, aus wirtschaftlichen Gründen von Weltunternehmen, so genannten global players, oder von Menschen zum Schaden anderer Menschen.

Manchmal steht hinter den alltäglichen Verstößen Not, vielfach aber überkommenes Denken, das die Einsicht in ein Unrecht verwehrt. So werden weltweit viele Menschenrechte im Namen der Religion und der Tradition gebrochen. Besonders häufige Opfer sind Frauen und Kinder. Staaten klären nicht auf, obwohl es ihre Aufgabe ist, die Rechte jedes einzelnen Menschen zu schützen und ihm ein Leben in Würde zu gewährleisten. Stattdessen sind es immer wieder einzelne engagierte Menschen, die selbst die Initiative ergreifen und sich erfolgreich für die Menschenrechte einsetzen.

„... und wir bewegen sie doch"

Noch nirgends vollkommen verwirklicht, entwickeln sich die Menschenrechte fortlaufend weiter. Anstoß und Schwung geben oft soziale Bewegungen, die ihren Ursprung in gemeinsamen Erfahrungen von Leid und Unrecht haben. Sie schließen sich an einem Ort der Welt zusammen und tragen Benachteiligung und Bedrohung bestimmter Gruppen an die Öffentlichkeit. Sie können sich auf ein Land und die Verhältnisse dort beschränken oder weiten sich als globale Bewegung aus. Manche haben ihre Wurzeln vor mehr als hundert Jahren und kommen in Wellen wieder, andere sind erst seit kurzem aktiv. Soziale Bewegungen erreichen ihre Ziele allmählich. Selbst oft nicht geeint in ihren Forderungen und Vorgehensweisen, stoßen sie auch auf staatlichen oder gesellschaftlichen Widerstand.

Mit dieser Aktion zum
Internationalen Tag
der Pressefreiheit
am 3. 5. 2008 machte
„Reporter ohne Grenzen"
auf inhaftierte Journalisten
weltweit aufmerksam.

In über 30 Ländern ist die Pressefreiheit nur 2x3 m groß.

www.reporter-ohne-grenzen.de

Wer ermordete Anna Politkowskaja?

Anna Politkowskaja (*1958) war eine russische Journalistin, die durch ihre kritischen Reportagen über den Krieg in Tschetschenien international Bekanntheit erlangte. 2006 wurde sie vor ihrer Wohnung ermordet. Es gab viele Spekulationen um Täter und Auftraggeber. Die Ermittlungen und Prozesse in Moskau führten bis heute zu keinem Urteil. Jetzt soll der Fall am Menschengerichtshof in Straßburg verhandelt werden.

Verteidiger des Regenwaldes

1989 sprach die Regierung den Kichwa-Indianern das Land zu, behielt sich aber die Ausbeutung der Bodenschätze vor. Ohne Zustimmung der Bewohner und ohne Rücksicht auf die Folgen für Mensch und Umwelt soll auf ihrem Land nun Öl gefördert werden. Zirka 2000 Kichwa aus dem Dorf Sarayacu im Regenwald Ecuadors kämpfen bislang erfolgreich gegen Regierung, Militär und Ölfirmen für die Erhaltung ihres Lebensraumes.

Gay – und das ist gut so

Homosexualität gibt es seit Menschengedenken. Dennoch ist in vielen Staaten eine gleichgeschlechtliche Liebe heute noch strafbar. Schwule, Lesben und Transsexuelle werden diskriminiert und sind vielfältigen Anfeindungen ausgesetzt. Die Homosexuellenbewegung kämpft gegen jegliche Art von Diskriminierung und für eine gesellschaftliche Gleichstellung.

Am 7. Oktober 2006 wurde die russische Journalistin Anna Politkowskaja in Moskau erschossen. Reporter ohne Grenzen plädierte seitdem in zahlreichen Aktionen für eine unabhängige Untersuchung des Mordes.

АННА ПОЛИТКОВСКАЯ

Убита
7 октября 2006 г.

Der ewige Kampf um die Freiheit

„Alle Menschen sind frei und gleich an Würde und Rechten geboren": Dieser Artikel soll wie die 29 anderen aus der am 10. Dezember 1948 von der Generalversammlung der Vereinten Nationen verkündeten Allgemeinen Erklärung der Menschenrechte in der Ausstellung „Erleben, was die Welt bewegt" des Übersee-Museums als mahnendes Fanal aufleuchten. Sind wirklich alle Menschen frei und gleich an Würde und Rechten geboren? Sind in unserer globalisierten Welt die Menschenrechte wirklich universal gültig? Oder sind sie ein recht stumpfes Schwert? Schließlich vergeht auf der Welt kaum ein Tag, an dem nicht Menschenrechte verletzt werden.

Kurz nach dem Massaker auf dem Platz des Himmlischen Friedens im Juni 1989, bei dem friedlich demonstrierende chinesische Studenten brutal von Panzern überrollt worden waren, führte dies hierzulande auch zu Diskussionen über die universelle Gültigkeit der Menschenrechte. Ein Argument: Die Menschenrechte entspringen dem westeuropäischen Kulturkreis. Deshalb könne man sie nicht ohne Weiteres von dem chinesischen Regime einfordern. Nicht von ungefähr nutzen Diktaturen oft die vom Westen angestoßene Debatte um kulturelle Unterschiede als legitimierendes Feigenblatt für ihre Verbrechen gegen die Menschlichkeit. Interessanterweise hat Volker Gerhardt, der an der Humboldt-Universität Berlin Praktische Philosophie sowie Rechts- und Sozialphilosophie lehrt, in einem Beitrag darauf hingewiesen, dass die Menschenrechte keinesfalls eine westeuropäische Erfindung seien.

Bemerkenswert sei, so der Wissenschaftler, dass chinesische Gelehrte darauf hinwiesen, dass ein Grundimpuls des Menschenrechts bereits in den Schriften des Konfuzius-Schülers Menzius zu finden sei. Gerade vor dem Hintergrund der jüngsten aufgeheizten Islam-Diskussionen verdient Gerhardts Hinweis auf die Frühgeschichte der Politik besondere Aufmerksamkeit, deren Ursprünge im afro-eurasischen Dreieck des Nahen Ostens, zwischen dem äthiopischen und persischen Hochland und der Ägäis liegen. „Parallele Entwicklungen in den großen Flusstälern des Mittleren und Fernen Ostens kommen hinzu", weiß der Philosoph. Damit sei der Hegemonialanspruch Europas widerlegt, der auf der griechischen Polis und der römischen Republik basiere. „Die heute erkennbaren Spuren des Politischen, dokumentiert in Schrift und

Recht, führen über die europäischen Grenzen hinaus in die Kulturgeschichte des alten Orients. Es sind die Burgsiedlungen des anatolischen Hochlands, die Hafengründungen am westlichen Mittelmeer sowie die großen Reiche an Nil und Euphrat, in denen die bis heute nachwirkenden politischen Formen entwickelt wurden."

Das Wort Menschenrecht wurde laut Gerhardt erstmals im 16. Jahrhundert von einem spanischen Dominikaner gebraucht. „Es bezeichnet die originären Rechte der indianischen Ureinwohner des wenige Jahrzehnte zuvor entdeckten amerikanischen Kontinents, und es wurde geprägt, um die ‚Indios' vor der Raub- und Mordlust der Konquistadoren zu schützen." Bartholomé de Las Casas spricht 1552 in einem Schreiben zur Verteidigung der peruanischen Ureinwohner an den mit der Sklavenfrage befassten „Indienrat" wörtlich von „las reglas de los derechos humanos", also von „den Prinzipien der Rechte des Menschen". Der Dominikaner setzte sich damit dem Risiko aus, sich den Groll der Vertreter der Inquisition zuzuziehen. 1612 erkannte der Jesuitenpater Francisco Suárez in den Menschenrechten das Fundament der Demokratie. „Zwischen Suárez und den Revolutionären des Englischen Bürgerkriegs, der 1642 zur Flucht des Königs und 1649 zu dessen Hinrichtung führt, liegt kaum mehr als eine Generation. Der Kampf wird wesentlich mit einem neuen Vokabular geführt, zu dem nicht nur Freiheit, Gleichheit und Toleranz, sondern auch die originären Rechte des Menschen gehören", schreibt Gerhardt. Die Forderungen nach uneingeschränkter Öffentlichkeit, gerechter Verteilung des Eigentums, direkter Mitwirkung an den Belangen des Staates und Glaubensfreiheit verbreiten sich über die noch jungen Medien rasend schnell.

Der Berliner Philosoph weist darüber hinaus darauf hin, dass es der Aufklärer Immanuel Kant gewesen sei, der nicht nur die Emanzipationsbewegung der amerikanischen Kolonien gegen das britische Königreich befürwortet, sondern auch im Kolonialismus der Europäer einen schweren Verstoß gegen die Grundrechte der Menschen gesehen habe. In seiner Schrift „Zum ewigen Frieden" wird das Menschenrecht erstmals zur Grundlage einer friedlichen Weltordnung erklärt.

Volker Gerhardt geht bei seinem Versuch, die Geschichte der Menschenrechte über die bloße Verwendung des Begriffs hinaus zu rekonstruieren, auch auf den griechischen Philosophen Sokrates ein. Für ihn sei die Freiheit des Einzelnen der Ursprung jeder rechtlichen

Verpflichtung. Mindestens darin seien alle Bürger gleich. „Deshalb kann es ein Recht nur geben, wo die Freiheit und Gleichheit des Einzelnen anerkannt sind", betont Gerhardt. Sokrates sollte seine Loyalität gegenüber den Gesetzen Athens sogar mit dem Tod bezahlen.

Zwar werden in Diktaturen tagtäglich Menschenrechte verletzt, aber trotzdem gilt: Die Welt, sie bewegt sich doch! Visionen entstehen in den Köpfen der Menschen, und Träume werden nach zähen Kämpfen irgendwann Wirklichkeit. Dafür steht im Übersee-Museum die Klanginstallation der weltberühmt gewordenen Vision von Martin Luther King: „I have a dream". Wer hätte zu Zeiten des bürgerrechtsbewegten schwarzen Geistlichen schon daran geglaubt, dass mit Barack Obama jemals ein Farbiger Präsident der Vereinigten Staaten von Amerika werden könnte?

Dass Träume allerdings oft an der grausamen, menschenverachtenden Realität zerschellen, darauf weist in der Ausstellung eine zweite Installation hin. Sie zeigt auf einem riesigen Foto Kinder aus dem vietnamesischen Trang Bang auf der Flucht vor dem von amerikanischen Napalmbomben verursachten Inferno – ein Hinweis darauf, dass es mit der US-amerikanischen Auslegung von Menschenrechten nicht immer zum Besten bestellt ist. Jüngstes Beispiel dafür: der rechtsfreie Raum der Gefängnis-Enklave Guantanamo.

Trotz der desillusionierenden Realität tagtäglicher, zum Teil grausamer Menschenrechtsverletzungen überall auf der Welt, die auch von internationalen Kontrollgremien nicht verhindert werden können, gibt das Übersee-Museum ein optimistisches Motto aus: „…und wir bewegen sie doch!". „Die Menschen, die in sozialen Bewegungen unermüdlich die Menschenrechte einklagen, sind die eigentlichen Antriebskräfte für deren Weiterentwicklung. Dass diese Entwicklung ständig im Fluss ist, ist besonders faszinierend", sagt die Museumspädagogin Heidemarie Menge.

„Das Unerhörte an den Grund- und Menschenrechten ist, dass es ihnen über die Verfassungen der modernen Staatenwelt gelingt, sich die Macht zu unterwerfen. Wenn Ideen Rechtskraft erhalten, können sie Monarchen zur Abdankung und Präsidenten zum Rückzug zwingen", erklärt der Philosophie-Professor Gerhardt. Die Kraft solcher Ideen zeigt nicht zuletzt Ludwig van Beethoven in seiner Freiheits-Oper „Fidelio", in der der eingekerkerte politische Häftling Florestan im Fieberwahn von der „Freiheit als himmlischem Reich" fantasiert. Und sie manifestierte sich in der friedlichen Revolution von 1989, die den Eisernen Vorhang im sprichwörtlichen „wind of change" dahinschmelzen ließ. „Auch der Zusammenbruch des Sowjetkommunismus und seiner Satelliten hat mit dem Machtpotential des Menschenrechts zu tun", sagt Gerhardt.

Das Übersee-Museum hat in Zusammenarbeit mit terre des hommes und dem Deutschen Institut für Menschenrechte andere Schwerpunkte gewählt als die Auseinandersetzung mit der Geschichte der Gulags und Dissidenten. So blickt den Besucher die unerschrockene Journalistin Anna Politkowskaja an, die die Zivilcourage, die sie beim Kampf um das hohe Gut der Meinungsfreiheit an den Tag legte, mit dem Leben bezahlen musste.

„Wir sind Helden": Dieses Motto könnte auch für die indigenen Völker gelten, die den Regenwald gegen den von westlichen Unternehmen betriebenen Raubbau zwecks Profit-Maximierung verteidigen. Die Schau soll deutlich machen, dass die Schwächsten oft genug Entrechtete sind, wie Heidemarie Menge erklärt. So werden auf der ganzen Welt immer noch Frauen- und Kinderrechte mit Füßen getreten. In China zum Beispiel werden Frauen in ländliche Gegenden verschleppt und dort an Bauern verkauft. Eine weitere Menschenrechtsverletzung im Namen der Tradition: das grausame Beschneidungsritual an afrikanischen Mädchen, das das somalische Top-Model Waris Dirie in ihren Büchern „Wüstenblume" und „Brief an meine Mutter" anprangert. An einer Hörstation tauschen Mutter und Tochter ihre Argumente aus: Tradition kontra Menschenrechte.

„Hier gilt es, den Weg der Angleichung über Erziehung und Aufklärung zu gehen und so die Menschenrechte für alle zugänglich zu machen", sagt Heidemarie Menge. „Wir zeigen aber auch eine Fatwa, ein Rechtsgutachten eines islamischen Gelehrten, das klarstellt, dass die Beschneidung im Koran keineswegs vorgeschrieben ist."

Thematisiert werden ferner die Forderungen einer Bewegung arbeitender Kinder, die von Peru ausging und heute in vielen Ländern Südamerikas, Afrikas und Asiens anzutreffen ist. „Wir stellen die Ausbeutung der Arbeit der Würde gegenüber, die als Lernen fürs Leben angesehen werden kann", erklärt Heidemarie Menge. „In einer Welt, die durch Migration, wirtschaftliche Beziehungen und rasant wachsende Kommunikationsmöglichkeiten immer dichter verflochten und von multi-ethnischen Gesellschaften geprägt ist, bedarf es erst recht internationaler Spielregeln. Die Menschenrechte sind diese Spielregeln", betont sie. SIGRID SCHUER

Migration

Migration

Das Phänomen Migration ist so alt wie die Menschheit. Wanderungsbewegungen prägten die Geschichte und führten zu kulturellen, sozialen und wirtschaftlichen Veränderungen. Gleichwohl ist die heutige Migration kaum mit der früheren vergleichbar. War Auswanderung einst in der Regel ein einmaliger Vorgang mit festem Zielpunkt, wird heute für immer mehr Menschen der ständige Wechsel des Lebensumfeldes über Ländergrenzen hinweg zu einem dauerhaften Zustand.

Immer noch machen Krieg, Naturkatastrophen und politische Verfolgung Auswanderung oft überlebenswichtig. Doch in der globalisierten Wirtschaft bedeutet Migration für viele Länder auch einen Wettbewerbsvorteil. So wird weltweit um die besten Köpfe geworben. Den Herkunftsländern nutzt diese Entwicklung unter anderem durch die Geldüberweisungen der Migranten an ihre Familien.

In China ist die Bevölkerungswanderung innerhalb des Landes erheblich größer als die internationale Migration. Dabei zieht es vor allem viele vom Land in die Stadt.

Wir sind alle Nachfahren von Migranten

Am Anfang der Menschheitsgeschichte lebten unsere gemeinsamen Vorfahren in Afrika. Von dort aus besiedelten sie die anderen Kontinente. Seitdem kam es aus unterschiedlichen Gründen immer wieder zu Wanderungsbewegungen. So sind wir alle Nachfahren von Migranten.

Die Wanderungen beeinflussen das alltägliche Leben im Herkunfts- und im Ankunftsland. Lebensgewohnheiten, Sprache, Esskultur - aber auch materielle und technische Entwicklungen nehmen die Menschen jeweils in ihre Kultur auf. So beinhaltet Migration nicht nur einen Ortswechsel, sondern sie ist auch ein Motor für stete Veränderung und Bereicherung der beteiligten Kulturen. Dies ist ein Prozess, der mitunter auch Konflikte mit sich bringt. Er betrifft die Gesellschaft ebenso, wie das persönliche Lebensumfeld und ist mit ständigem Lernen verbunden.

„Bremen ist, wo ich geboren bin. Aber England ist meine Heimat"

Lottie Levy-Abraham, *1923 in Bremen, Deutschland

Als Tochter jüdischer Eltern in Bremen geboren, wurde ihre Familie hier in der Zeit des Nationalsozialismus verfolgt. Nach der Pogromnacht, die 1938 die Grundlagen jüdischen Lebens in Deutschland zerstörte, wurde ihr Vater ins Konzentrationslager deportiert. Sie selbst entkam mit einem Kindertransport nach Großbritannien, wo sie noch heute lebt.

„Das war eine Liebesentscheidung"

Simonetta Bifini, *1963 in Orbitello, Italien

Die Sprachlehrerin Simonetta Bifini zog 1992 der Liebe wegen nach Bremen. Drei Jahre zuvor hatte sie ihren Mann in Florenz kennen gelernt, als er während eines Sprachurlaubes ihr Schüler war. Heute leitet sie in Bremen eine Sprachschule.

Der Call-Shop ist ein Treffpunkt der Kulturen. Hier halten Migranten mit der Heimat und ihren Familien Kontakt – per Telefon oder über das Internet.

Call Home

Weltweit gibt es mehrere Hundert Millionen Migranten und hinter jedem steht eine persönliche Geschichte. Sie alle erzählen von den vielfältigen Gründen für Auswanderung, wie dem Kampf ums Überleben, die Hoffnung auf bessere Lebensbedingungen, aber auch von Liebe oder purer Abenteuerlust.

Das Internet bietet Migranten neue Kommunikationsmöglichkeiten. Familien tauschen sich per E-Mail und Video-Telefonie untereinander aus und Landsleute bilden über Ländergrenzen hinweg Online-Gemeinschaften. In Foren oder Chats werden kulturelle, soziale sowie politische Themen diskutiert und kritisiert. Call-Shops bieten den „Nicht-Vernetzten" überall auf der Welt Zugang zum Internet und darüber hinaus günstige Telefongespräche ins Ausland. Hier begegnen sich Kulturen real und virtuell.

Im interkulturellen Jugendprojekt FIES – Forschen in eigener Sache – entstanden künstlerische Collagen zum Thema „Heimat."

„Heimat ist da, wo ich mich wohl fühle"

Im Bundesland Bremen hatten bereits im Jahr 2008 zirka ein Viertel der Einwohner einen Migrationshintergrund. Das Leben mit unterschiedlichen kulturellen Hintergründen und einem multikulturellen Alltag verändert auch das eigene Verständnis von „Heimat". Das Thema „Heimat" behandeln auch die hier gezeigten Installationen. Sie sind das Ergebnis des interkulturellen Jugendprojektes „Spuren suchen – Identität finden. Jugendliche forschen in eigener Sache".

In diesem Projekt des Übersee-Museums begaben sich Jugendliche auf die Suche nach ihrer eigenen Identität und setzten sich dabei mit mehreren Kulturkreisen auseinander. Dabei wurden sie zu Experten ihrer eigenen kulturellen Wurzeln. Sie lernten, Fremdes eher als „verschieden" wahrzunehmen und hinterfragten so auch ihre eigenen Wertmaßstäbe.

Zwischen Heimat und Fremde

Gründe, seine Heimat zu verlassen, gibt es viele. Manchmal wird der Schritt von langer Hand geplant, manchmal müssen Menschen Hals über Kopf die Flucht ergreifen. Was nimmt man in solchen Fällen mit? Was würde man selbst auf keinen Fall zurücklassen? Und warum? Wer sich solche Fragen stellt, ist mitten drin im Thema Migration. In der Ausstellung „Erleben, was die Welt bewegt" des Übersee-Museums übernimmt ein interaktives Terminal die Aufgabe, Menschen vor die Wahl zu stellen und so gleichsam in die Rolle von Migranten schlüpfen zu lassen. Jeder kann dort selbst eingeben, was er unbedingt mitnehmen würde. Je öfter ein Begriff von Besuchern eingegeben wurde, desto größer erscheint er.

„Wir möchten die Ausstellungsbesucher dafür sensibilisieren, wie sich Migranten in der Fremde fühlen müssen und weshalb ihnen die Bewahrung der eigenen Lebensart, Kultur und Religion so wichtig ist", sagt die Kuratorin Dorothee Pesch. Das Übersee-Museum leistet damit auch einen Beitrag zur Versachlichung der Debatte um die Thesen Thilo Sarrazins.

In seiner Bremer Rede zum 20. Jahrestag der Wiedervereinigung sprach Bundespräsident Christian Wulff „unendlich viele Beispiele für gelungene Integration" an. „Wir dürfen die Zementierung von Vorurteilen nicht zulassen. Denn wir sind ein Volk. Die Zukunft gehört den Nationen, die offen gegenüber dem Fremden sind. Wir wollen gemeinsam ein Netz weben, das unsere Gesellschaft zusammenhält", betonte er und fügte hinzu: „So wie das Christentum und das Judentum zweifelsfrei zu Deutschland gehören, gehört auch der Islam zu Deutschland." Für das Bemühen, Brücken zwischen den Religionen und West und Ost zu schlagen, gibt es berühmte Vorbilder – man denke nur an die Ringparabel in Lessings „Nathan der Weise". Sie gilt als ein Schlüsseltext der Aufklärung, weil sie den Toleranzgedanken stärkt und die großen Religionen gleichberechtigt auf eine Stufe stellt.

Dorothee Pesch erinnert mit Blick auf die Migration an einen Ausspruch des Grünen-Abgeordneten Tarek Al-Wazir: „Natürlich ist Berlin-Neukölln Realität, aber der Ballermann auf Mallorca ist eben auch Realität." Nach den Worten der Museumsmitarbeiterin ist Integration immer eine Wechselbeziehung. „Es geht um die Bereitschaft zur Akzeptanz auf der einen und um die Bereitschaft zur Anpassung auf der anderen Seite", betont sie.

Dass Kultur in diesem durchaus mühsamen Prozess wertvoller Kitt für die multikulturelle Gesellschaft sein kann, dokumentieren Vorzeigeprojekte. Im Zukunftslabor an der Gesamtschule Ost arbeitet die Deutsche Kammerphilharmonie Bremen gemeinsam mit Schülern aus dem multikulturellen sozialen Brennpunkt Osterholz-Tenever an der Vision einer besseren Gesellschaft. Die Kinder und Jugendlichen finden es „cool", dass sie im Orchester sitzen dürfen, wenn der estnische Stardirigent Paavo Järvi oder der Lieblings-Violinist aller Mädchen, David Garrett, mit den Kammerphilharmonikern proben.

Ein ähnliches Projekt, das jungen Bewohnern des sozialen Brennpunkts „Grohner Düne" helfen soll, dem Teufelskreis der Hartz-IV-Depression zu entkommen, wird derzeit in Bremen-Nord entwickelt. Professor Joshard Daus, Gründer und Leiter der EuropaChorAkademie, entwickelt mit seinen Mitstreitern am Gerhard-Rohlfs-Schulzentrum in Vegesack ein breit angelegtes Chorprojekt, das entwurzelten, sozial vernachlässigten Kindern und Jugendlichen durch kulturelle Arbeit eine langfristige Perspektive bieten soll. Professor Daus begreift diese Chorarbeit als Sozialarbeit und Stadtteilkultur.

„Wir sehen es als Museum auch als unsere Aufgabe, Gruppen, für die es nicht selbstverständlich ist, ins Konzert oder Theater zu gehen, an unsere kulturelle Arbeit heranzuführen", sagt Dorothee Pesch. Aushängeschild dieser ambitionierten Arbeit des Übersee-Museums ist das preisgekrönte interkulturelle Projekt „Forschen in eigener Sache: Spuren suchen – Identität finden" (FIES). 14- bis 20-Jährige aus fünf Bremer Schulen zeigen mit ihren künstlerischen Arbeiten in der Ausstellung, was sie mit dem Begriff Heimat verbinden. „Wir haben damit auf dem Gebiet der interkulturellen Bildungsarbeit eine Vorreiterrolle. Für diese Idee interessieren sich mittlerweile viele Museen in Deutschland. Das ist inzwischen ein begehrtes Bremer Modell", unterstreicht Museumsdirektorin Professorin Wiebke Ahrndt.

„Im Jahr 2008 hatte bereits ein Fünftel der bundesdeutschen Bevölkerung einen Migrationshintergrund –

Tendenz steigend, denn im Jahr 2010 trifft dies bereits auf ein Drittel der unter Sechsjährigen zu. Dazu kommt, dass Migranten ja keine homogene Masse sind", sagt Dorothee Pesch. Beispiele dafür bietet die Ausstellung reichlich. So ist von der italienischen Sprachlehrerin Simonetta Bifini die Rede, die ihren Mann in einem der Sprachkurse, die sie in Florenz gab, kennen lernte. 1992 zog sie mit ihm nach Bremen: eine Liebesgeschichte, die das Übersee-Museum an einer seiner Hörstationen mit Interviews von in Bremen lebenden Migranten dokumentiert hat.

Wie die Museumsmitarbeiterin Dorothee Pesch betont, gehört es zum Wesen der Kultur, dass sie sich ständig wandelt. Migranten tragen dazu bei. Für viele Menschen ist Auswanderung überlebenswichtig: Sie flüchten vor Krieg, Naturkata-strophen, politischer Unterdrückung oder menschenunwürdigen Lebensbedingungen. Wieder andere treiben die pure Abenteuerlust oder private Umstände in ein neues Land. Wie auch immer die Gründe lauten, sowohl im Herkunfts- als auch im Ankunftsland sind wirtschaftliche und kulturelle Wandlungsprozesse die Folge. Dabei reicht die Spannweite vom Einfluss auf das Bruttosozialprodukt – durch Finanzleistungen, die durch die Arbeit der Migranten ins Land fließen – bis zum Wandel der Ess- und Sprachkultur.

Migranten sind Grenzgänger oder Seiltänzer zwischen Heimat und Fremde. Nicht von ungefähr betitelte der 1980 auf Sizilien geborene, in Bremen lebende Komponist Calogero Scanio sein Klaviertrio „Saltimbanco", was so viel wie Seiltanz bedeutet. Inspirieren ließ er sich dazu 2007 auf einer Italienreise. „Saltimbanco" spiegelt die Zerrissenheit zwischen Heimat und Fremde. Das wird in dem folgenden Zitat von Scanio deutlich: „In Mantua und Ferrara erwartete mich eine andere Erfahrung, die meine ganze Existenz zum Wirbeln bringen sollte. Wenn man lange von einem geliebten Land entfernt ist, um sich an einem anderen schönen Platz wie Bremen niederzulassen, dann kann man schnell den Fehler begehen, die heimatlichen Farben und Düfte, die das Land uns schenkt, zu vergessen und oft auch sich selbst. Niemand hat eigentlich Schuld daran, es passiert sofort, wenn man sich im neuen Zuhause wohl fühlt, doch war ich außer mir vor Wut und Traurigkeit. Die Reise war also eine stürmische Fahrt in mein Ich. Alles, was ich mit meinen

Die Menschen in Gaibandha, Bangladesch, bringen sich und ihre Tiere in Sicherheit vor den Fluten. Der Klimawandel wird zukünftig weltweit viele Menschen dazu zwingen, sich eine neue Heimat zu suchen

Sinnen spürte, den guten Espresso, die Straßen, die Menschen, tobten so stark in mir, dass Gefühle ausbrachen, die mich kräftig aufrüttelten. So begann ich nach der Reise, mich zornig auf die Auftragskomposition meines Klaviertrios zu stürzen. Ich versuchte meine tiefe Enttäuschung zu verarbeiten. Wie konnte ich mich so vergessen?" Treffender als Calogero Scanio, der zu den hoffnungsvollsten Komponisten-Talenten in der Klasse der koreanischen Professorin Younghi Pagh-Paan an der Hochschule für Künste Bremen zählt, kann man die Befindlichkeiten von Migranten vermutlich kaum formulieren.

Zurück in die Heimat, davon träumte früher auch Meliha Atasoy. „Wir können ein bisschen sparen, und dann gehen wir wieder zurück", sagt an einer der Hörstationen im Übersee-Museum Frau Atasoy über ihre Motive, nach Deutschland zu kommen. 1970 war sie von der Bundesregierung als sogenannte Gastarbeiterin angeworben worden. Den

Traum von der Rückkehr in die Türkei hat sich und seiner Familie der Maler Abdulkadir Günacti, dessen Töchter alle in Bremen studiert haben, dagegen bereits vor Jahren erfüllt.

Ein anderes Beispiel für ein Menschenschicksal, das in der Ausstellung thematisiert wird, liefert die Anwältin Khalida Nawabi, die 1980 im afghanischen Ningahar geboren

Bertolt Brecht schrieb schon 1937 „Über die Bezeichnung Emigranten": „Immer fand ich den Namen falsch, den man uns gab: Emigranten. Das heißt doch Auswanderer. Aber wir wanderten doch nicht aus nach freiem Entschluss. Sondern wir flohen. Vertriebene sind wir, Verbannte". In Vitrinen sind persönliche Gegenstände ausgestellt, die die interviewten Migranten dem Übersee-Museum zur Verfügung

Migration durch Klimawandel

2002 schätzte die UNO, dass zirka 50 Millionen Menschen zur Migration gezwungen wurden, weil sich ihre Lebensräume durch Naturkatastrophen oder Klimawandel veränderten. Der Klimawandel wird zu einer Verlagerung von Lebensräumen weltweit führen und zu einem wichtigen Auslöser globaler Migration werden. Wie ausschlaggebend er ist, ist schwer zu bestimmen, da die Gründe für Migration stets vielschichtig sind.

wurde. Sie engagierte sich nach dem Jura-Studium in Pakistan als Menschenrechtsaktivistin gegen Gewalt und Korruption und für Frauenrechte. „Sie haben gedroht, dass sie mich umbringen werden", erinnert sie sich an ihren Fluchtgrund. Deutschland gewährte ihr Asyl. Heute lebt Khalida in Bremen.

gestellt haben. So wie die Älteste unter den Interviewten, Lottie Levy-Abraham, die erleben musste, wie ihr Vater nach der Pogromnacht vom Bremer Hauptbahnhof aus in eines der nationalsozialistischen Todeslager deportiert wurde. Auch auf sie treffen die Worte Brechts zu. „Bremen ist, wo ich geboren bin. Aber England ist meine Heimat", sagt die heute 87-Jährige, die mit einem Kindertransport nach Großbritannien entkommen konnte. Von Lottie Levy-Abraham sind im Übersee-Museum ihre plattdeutschen Kinderbücher zu sehen.

Nicht nur in Deutschland sind Ängste vor den Folgen der Migration weit verbreitet. „Hin nach Texas! Wo der Stern im blauen Felde eine neue Welt verkündet, jedes Herz für Recht und Freiheit und für Wahrheit froh entzündet, dahin sehnt mein Herz sich ganz. Goldner Stern du bist der Bote unsres neuen schön'ren Lebens. Denn was freie Herzen hoffen, hofften sie noch nie vergebens", zitiert das Deutsche Auswandererhaus in Bremerhaven Hoffmann von Fallerslebens 1847 entstandenes Gedicht „Der Stern von Texas". Dass dieses „neue schön're Leben" in den USA durchaus nicht jedem zugänglich ist, weiß jeder, der schon einmal versucht hat, eine der begehrten „green cards" zu ergattern. Zudem hat sich Texas mit einer Mauer wie eine Festung gegen Mexikaner abgeschottet, die auf der Suche nach Arbeit über die grüne Grenze kommen wollen.

Stichwort Festung Europa: Zwar ist die Freizügigkeit für Bürger innerhalb der Europäischen Union garantiert. Aber auch sie schottet sich gegen Armutsflüchtlinge ab, die auf der Suche nach besseren Lebensbedingungen sind. „Aber: Die Quote der deutschen Auswanderer ist zurzeit höher als die der Einwanderer, die wir eigentlich dringend benötigen, um den demografisch bedingten Fachkräftemangel in den Griff zu bekommen", sagt Dorothee Pesch.

Auch ausgewanderte Deutsche sind Fremde im Ausland. Das weiß auch der ausgewanderte Kinderarzt Heiko Bratke, der sich inzwischen mit seiner Familie in Südnorwegen gut eingelebt hat, wie er an einer der Hörstationen erzählt. Aufgrund von schlechten Arbeitsbedingungen an der Bremer Klinik, an der er tätig war, und der daraus resultierenden Unvereinbarkeit von Beruf und Familie entschloss sich Bratke vor drei Jahren zu einem Neuanfang im Ausland.

„Das Phänomen Migration ist so alt wie die Menschheit. Auch das wollen wir in der Ausstellung zeigen, beginnend mit der Ausbreitung des Homo sapiens von Afrika über die Welt", sagt Dorothee Pesch. Die Völkerwanderung der Spätantike wird ebenso thematisiert wie der transatlantische Dreieckshandel, der Millionen von Sklaven nach Amerika brachte, oder die industrielle Revolution, die viele Menschen veranlasste, in der Ferne bessere Lebensbedingungen zu suchen.

Sigrid Schuer

Weltwirtschaft

Bremerhaven als Drehscheibe für Waren aus aller Welt.

Weltwirtschaft

Nach der Industrialisierung im 19. Jahrhundert nahmen die internationalen Wirtschaftsbeziehungen rasch zu und sprengten die Grenzen der Nationalstaaten. Durch den Austausch von Gütern, Rohstoffen, Arbeitskräften, Kapital und Informationen entstand ein Weltmarkt, der jeden Tag von Milliarden Menschen betrieben wird.

Die weltweiten Verflechtungen haben die politischen, kulturellen, ökologischen und kommunikativen Möglichkeiten und Abhängigkeiten globalisiert. Internet und Satellitenkommunikation wie auch Mega-Containerschiffe, Hochgeschwindigkeitszüge und Großflugzeuge haben die ganze Welt gleichsam zu einem einzigen Standort gemacht. Dieses nutzen international agierende Unternehmen zu ihrem Vorteil. Jedoch können lokale Krisen so schnell zu globalen werden.

*Der halbierte Mazda3 gibt den Blick
frei auf seine 3000 bis 4000 Einzelteile
aus aller Welt.*

Produktionsverbund Auto–Werkbank weltweit

Die Zahl der Kraftfahrzeuge nimmt auf der Erde stetig zu – auch in Deutschland. Die Autoproduktion erfolgt in internationalen Zusammenschlüssen und Beteiligungen. Die mindestens 3000 Teile und Komponenten eines Autos werden im globalen Produktionsverbund von Tausenden von Zulieferern hergestellt, anschließend weltweit montiert und als fertige Autos in den Verkauf gebracht.

Im Autoterminal Bremerhaven werden Autos beziehungsweise Autoteile und -komponenten zwischengelagert und umgeschlagen. Darüber hinaus bietet die „Bremer Lagerhaus Gesellschaft Logistics Group" sowohl Verladung, Auslieferung, Qualitäts-Checks und vielfältige Ausstattungsarbeiten als auch die Organisation, Überwachung und Durchführung des gesamten Materialflusses für die Herstellung von Automobilen weltweit an.

Urlaub global – Leitindustrie im 21. Jahrhundert

Seitdem die Einkommen höher, die Zahl der Urlaubstage größer, die Transportmittel schneller und günstiger sowie die Grenzen zwischen Ländern und Kontinenten immer unsichtbarer geworden sind, hat sich der Tourismus zur wichtigsten Exportindustrie der Welt entwickelt. Ein Großteil der Bevölkerung, vor allem aus den Ländern des Nordens, macht regelmäßig Urlaub: weniger zur Erholung – mehr als Ausdruck des persönlichen Lebensstils. Die Urlaubsindustrie hat kaum eine Region auf der Welt nicht zum Zielgebiet erklärt. Aber nicht nur der Flugverkehr und die massiven Eingriffe in die Naturlandschaften lassen Zweifel aufkommen, ob der Tourismus für das ökologische Gleichgewicht der Erde beziehungsweise für die Urlaubsregionen des Südens einen nachhaltigen Entwicklungsweg eröffnet.

Mobilität und Transport

Die technischen Entwicklungen seit der industriellen Revolution und der wachsende Wohlstand führten zu einem verstärkten Warenhandel und zunehmender Mobilität des Einzelnen. Inzwischen transportieren riesige Containerschiffe einen Großteil der weltweit gehandelten Güter. Ebenso werden größere Flugzeuge gebaut, um das wachsende Passagieraufkommen zu bewältigen. Zudem besitzen immer mehr private Haushalte ein oder gar mehrere Autos.

Häufig genug erleben wir, dass die bestehenden Verkehrswege mit diesem Wachstum nicht Schritt halten. Ihr stetiger Ausbau ist die Folge. Auch die Transportlogistik steht vor großen Herausforderungen. Damit der globale Personen- und Warenverkehr weiterhin gewährleistet ist, sind Ingenieure und Verkehrsplaner immer auf der Suche nach neuen technischen Lösungen.

Bedeutende Streifen

Der Strichcode ist das Symbol unserer globalen Wirtschaft schlechthin. Das Identifikationssystem für Handelswaren wurde in den 1970er Jahren eingeführt und ist heute auf beinahe jedem Produkt zu finden. Selbst der Mensch wird logistisch gesehen zu einem Produkt: auf Reisen, in der Bibliothek oder im Parkhaus – immer häufiger wird ihm ein Code zugewiesen, mit dem er als Verbraucher wieder erkennbar ist.

Billiglohnarbeiter in Dubai in ihren Unterkünften.

Dubai – Luxus auf Pump und durch Sklavenarbeit?

   Aus den enormen Einnahmen aus Öl und Gas entstand in der Wüste seit 1990 eine internationale Megastadt. In der Hoffnung auf ein regelmäßiges Einkommen zur Versorgung ihrer Familien streben Millionen von zumeist asiatischen Arbeitskräften zu den Riesenbaustellen. Minimallöhne, Unterbringung in Wüstencamps, fehlende rechtliche Sicherheiten und gewerkschaftliche Vertretung haben ein System von Fronarbeit entstehen lassen.

Mit einem Strichcode kann in dem Meer von Waren ein Produkt ausfindig gemacht werden.

Die neue Dubai-Welt: Kein Sandkorn bleibt auf dem anderen.

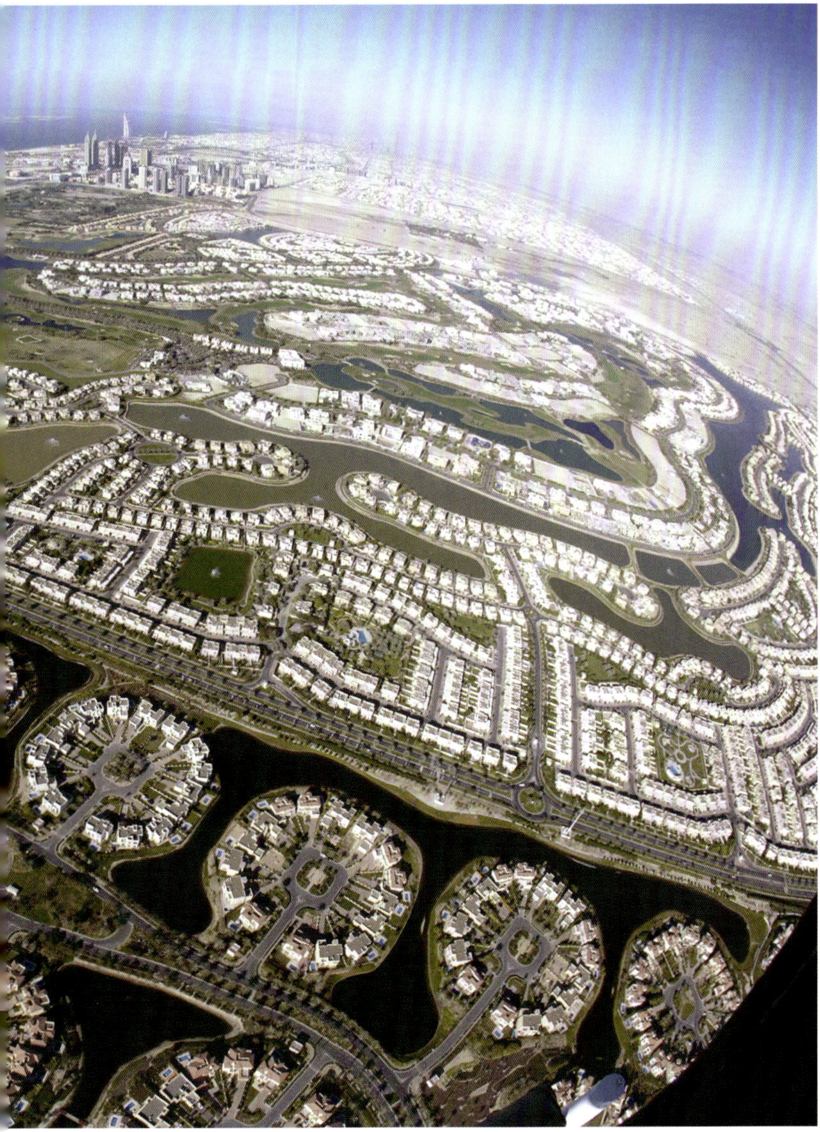

Die schöne neue Wirtschaftswelt

„Wir leben in so spannenden Zeiten wie seit mehr als 50 Jahren nicht mehr", sagt Hartmut Roder, der bei der neuen Ausstellung „Erleben, was die Welt bewegt" im Übersee-Museum für den Bereich Weltwirtschaft verantwortlich ist. Schon vor zwei Jahren, zu Beginn der weltweiten Finanzmarktkrise, stellte der Bremer Wirtschaftswissenschaftler Rudolf Hickel fest, dass diese Krise verglichen mit der Weltwirtschaftskrise von 1929 breiter und tiefer sei. Zwar wurde die Globalisierung – besonders, so lange Deutschland den Titel Exportweltmeister trug – als Segen gerühmt, doch die Geldströme, die sich in atemberaubender Geschwindigkeit um den Globus bewegen und aufs Engste miteinander verflochten sind, haben sich im Zuge der Finanzkrise auch als Fluch erwiesen.

„Es ist ganz offensichtlich, dass es innerhalb dieses asymmetrischen Prozesses weltwirtschaftlicher Arbeitsteilung Gewinner und Verlierer gibt", sagt Hartmut Roder. Diese gegenseitigen Abhängigkeiten, die sich zumindest auf dem Finanzmarktsektor als fatal erwiesen haben, dokumentiert das Übersee-Museum an Hand der Automobil-Logistik. Eine der zentralen Drehscheiben in Deutschland ist Bremerhaven.

Weltweit werden jährlich etwa 70 Millionen Kraftfahrzeuge hergestellt. Ein Fahrzeug besteht aus dreitausend bis viertausend Komponenten, die von Zulieferern auf allen Kontinenten produziert und in Montagefabriken gesammelt werden. „Dabei hinterlassen Millionen Menschen unsichtbar auf jedem Fahrzeug ihre Arbeits-DNA. Arbeitsteilig und gleichzeitig sind sie am Entstehungsprozess dieses komplexen Konsumgutes beteiligt – und arbeiten unter zum Teil ganz unterschiedlichen sozialen, persönlichen oder klimatischen Bedingungen", erläutert der Museumsmitarbeiter. So wird in der Ausstellung ein japanisches Auto im Querschnitt präsentiert, das sonst bei der BLG Auto Tec in Bremerhaven steht. Anhand des Auto-Querschnitts und einer Weltkarte wird veranschaulicht, in welchen Ländern die dreitausend bis viertausend Komponenten, aus denen solch ein Fahrzeug besteht, produziert werden.

„So machen wir die internationale Verschränkung der logistischen Kette nachvollziehbar und verdeutlichen die Raum- und Zeitverdichtung, die mit der Globalisierung einhergeht", erklärt Roder. Vier Filme zeigen den Weg, den ein solches Auto in diesem Fall von Japan nach Bremerhaven zurücklegen muss, und dokumentieren, wo welche Teile gefertigt werden. Von der Seestadt aus führt der Weg der Fahrzeuge weiter zu den Konsumenten, nachdem die Auto-Rohlinge ihre individuelle Ausstattung erhalten haben.

Die Automobilindustrie ist nur ein wenn auch sehr treffendes Beispiel dafür, „dass das ausländische Kapital hinwandert, wo die Produktion billig ist", wie Roder betont. Er erläutert den Hintergrund so: „Wenn China als Standort zu teuer wird, dann ziehen die Unternehmen eben weiter nach Vietnam. Es wird bei sinkenden Löhnen immer mehr produziert. Denn es regiert das neoliberale Mantra der sogenannten Kommodifizierung von Ware und Mensch. Der Mannesmann-Chef Klaus Esser sprach in diesem Zusammenhang vom Menschen als Kostenfaktor auf zwei Beinen. Das heißt: Der Mensch wird als Werkzeug gesehen, das nach seinem aktuellen Funktionswert zu bewerten ist. Kurioserweise werden für Vorstandsetagen schon Lebensversicherungen abgeschlossen, die dem betreffenden Unternehmen zugutekommen. Soll heißen: Alles wird zur Ware."

„Alles wird zur Ware": Das gilt auch für den Finanzmarkt, dessen Kapriolen die Weltwirtschaft an den Rand des Abgrunds führten. Rudolf Hickel warnte schon im Herbst 2008 „vor dem Terror des Casino-Kapitalismus, denn der Terror der Finanzmärkte schlägt direkt auf den Arbeitsmarkt durch". „Wir müssen die Spielregeln ändern, damit es nie wieder zu einer solchen Krise kommt", forderte der Finanzwissenschaftler und frühere Direktor des Instituts für Wirtschaft und Arbeit. Das Schlimmste, was passieren könne, sei, das Grundübel lediglich mit kosmetischen Maßnahmen einer Beschwichtigungsstrategie zu übertünchen, so der Wirtschaftswissenschaftler. „Wir müssen der Hydra alle Köpfe abschlagen." Mit diesen Worten plädierte er für die Entmachtung der stets mit höchstem Risiko spekulierenden Finanzmarktjongleure und für eine Umstrukturierung des Bankensystems.

Heute, zwei Jahre später und scheinbar der Krise entronnen, sieht es ganz danach aus, als ob die Chance eines radikalen Neuanfangs verspielt worden ist – an den Roulettetischen des Casino-Kapitalismus. „Das Casino feiert schon wieder, jetzt mit Steuerzahlergeld", sagte Wolfram Elsner, Professor für Wirtschaftswissenschaft an der Universität Bremen, im Dezember 2009. „Aber es gibt eine moralische Grenze der Staatsverschuldung." Die Rettungsschirm-Geldmaschine, die die Politik für die malade Finanzwirtschaft angeworfen habe, lasse sich nicht in einigen Jahren erneut mobilisieren. „Es besteht ein ungesundes Verhältnis zwischen Real- und Finanzwirtschaft." Diese kritische Feststellung kann Hartmut Roder voll und ganz unterschreiben. Die Finanzwirtschaft hat sich mit all ihren raffiniert ausgetüftelten Schachzügen immer weiter aufgebläht. „Der jährliche Handel mit Derivaten belief sich 2008 auf 600 Billionen Dollar. Das ist zehnmal so viel wie das Welt-Bruttoinlandsprodukt", rechnet Roder vor.

Eine maßgebliche Rolle spielten bei der globalen Finanzmarktkrise die hyperrationalen Broker der Wall Street. Welche Schwierigkeiten damit verbunden sind, ihr Treiben in den Griff zu bekommen, musste nicht zuletzt der US-Präsident Barack Obama erfahren. Die Forderung, die Finanzmarktströme zu bändigen, haben außer Rudolf Hickel auch viele andere erhoben. „Natürlich muss mit der Internationalisierung der Wirtschaft auch eine Internationalisierung der Politik durchgesetzt werden. Die Weltwirtschaft braucht, wie jede nationale Ökonomie, einen Ordnungsrahmen", sagte Hickel.

Zurzeit ist viel von der Wiederauferstehung der Wirtschaft die Rede – oftmals allerdings, ohne den Aufschwung auf seine Tragfähigkeit zu hinterfragen. Will man den oben genannten Ökonomen glauben, dann kommt die nächste Krise ganz bestimmt. So kritisierte Wolfram Elsner Ende 2009, „dass kein System unendlich wachsen kann". Weiter sagte er: „Wir haben ja nicht nur eine Finanzmarktkrise, sondern auch eine Klima- und Ressourcenkrise sowie eine realwirtschaftliche Krise und daraus resultierend eine soziale Krise. Das sind Krisenszenarien, die miteinander verbunden sind. Es ist eine Riesenaufgabe, Systeme neu zu gestalten, die ohne Wachstumszwang überleben können."

Genau an diesem Punkt setzt Hartmut Roder bei der Ausstellung „Erleben, was die Welt bewegt" an. Den Ausstellungsmachern des Übersee-Museums geht es darum, auch und gerade die Risiken der Globalisierung aufzuzeigen. „Wir wollen die Frage stellen: Wie fragil ist das System eigentlich? Und wir wollen die Gewinner und die Verlierer zeigen. Dabei setzen wir bei dem interaktiven Spiel ‚Wege unserer Alltagswaren' auf vi-

Ballermann 2020? Vision eines neuen Mallorca.

suelle Rhetorik. Mit Hilfe eines RFID-Gerätes, mit dem sie den Strichcode von fünf Produkten scannen können, erfahren die Besucher, dass beispielsweise ein Jogurtbecher, für den wir 45 Cent bezahlen, rund 9000 Kilometer zurückgelegt hat. Oder dass die Jeans für den Textil-Discounter in Indien hergestellt wurde. Oder dass das Erz Coltan, das für die Herstellung von Handys unersetzlich ist, im Kongo unter menschenverachtenden Bedingungen gewonnen werden muss", erläutert Roder.

Angesichts der frohen Botschaft von US-Experten, dass die Rezession beendet sei, drohen die Meldungen über gezahlte Boni in den Hintergrund zu geraten. Gerade machten allerdings die 25 Millionen Euro Boni Schlagzeilen, die die Münchner Immobilienbank Hypo Real Estate (HRE) ihren Bankern zahlte. Die Finanzlöcher der inzwischen verstaatlichten Bank sind indes noch immer nicht gestopft; es besteht Bedarf an weiteren Steuerzahler-Millionen. Gegenüber der Summe an Boni, die laut Hartmut Roder 2009 in den USA ausgezahlt wurden, nehmen sich die Zahlungen der Hypo Real Estate wie die berühmten „Peanuts" aus. „Die 23 größten amerikanischen Banken schütteten 95 Milliarden Dollar an Boni aus. Geld gibt es offenbar auf dieser Welt genug, entscheidend ist, wer es in der Hand hat", sagt Roder und fügt zuspitzend hinzu: „Die Umverteilung von Milliarden an Steuergeldern an Banken, das ist doch organisiertes Verbrechen. Hier wurde die Globalisierung von einigen wenigen, denen die Politik völlige Freiheiten gelassen hat, ausgenutzt."

Mit dieser Meinung steht der Museumsmitarbeiter ganz gewiss nicht allein da. Hickel sprach schon 2006 in seinem Buch „Kassensturz" von den in Hedgefonds vereinten „Finanzgangstern, die Unternehmen, die von der Börse abhängig sind und so unter Druck geraten, zu Spekulationsobjekten machen". Roder bezieht sich bei seiner Aussage auf einen Artikel, der Anfang September in der britischen Zeitung „Guardian" erschien und sich mit der Mafia befasste. Darin zitiert Jonathan Freedland Honoré de Balzacs Aperçu: „Hinter jedem großen Vermögen steckt ein großes Verbrechen". Und der Kolumnist legt nach: „Und hinter den verblüffenden Vermögen, die heute angehäuft werden, stecken einige sehr schmutzige Verbrechen". Denn, so sein Fazit: „Ein Wirtschaftssystem, das mit Geldern der Mafia flüssig bleibt, das ist inzwischen Realität und nicht nur Stoff für einen Thriller von John le Carré". So schrieb der „Observer", eine andere britische Zeitung, im Dezember 2009, „dass das für kriminelle Drogendelikte zuständige UN-Büro zugegeben hat, dass das Weltfinanzsystem mit kolossalen Mengen an Drogengeldern flottgemacht wurde, als es zu kollabieren drohte". Freedlands Fazit: „Für die organisierte Kriminalität ist die Rezession ein gutes Geschäft." Nicht von ungefähr plant Roder für Anfang nächsten Jahres eine Begleitausstellung zum Thema Mafia.

„Zwischen dem Schwachen und dem Starken ist es die Freiheit, die unterdrückt, und das Gesetz, das befreit." Diese Aussage stammt von dem Aufklärungsphilosophen Jean-Jacques Rousseau (1712–1778). Roder bezieht sich ausdrücklich darauf. Bei der neuen Ausstellung geht es auch um die Frage, wohin der Freiheitsbegriff neoliberaler Denker führt. „Es gibt keine Gesellschaft mehr, es gibt nur noch Männer und Frauen", erklärte die damalige britische Premierministerin Margaret Thatcher im Jahr 1973. Für sie war die Aussage eine alternativlose Direktive. „Jeder ist letztendlich nur eine Nummer und in jeder Beziehung austauschbar. Das wollen wir zeigen, indem wir die Besucher eine Lichtinstallation passieren lassen, bei der sie von einem Strichcode überzogen werden", erklärt Roder.

Wie der Wirtschaftswissenschaftler Wolfram Elsner, so ist auch der Museumsmitarbeiter davon überzeugt, dass die von neoklassischen Ökonomen häufig geforderte maximale Mobilität, Flexibilität und Kurzfristigkeit der so wichtigen sozialen Nähe zu Freunden und Familie und den sozialen Regeln, die gegenseitige Erwartungssicherheit schaffen, diametral entgegengesetzt ist. Elsner hat deshalb auch dies betont: „Vertrauen zu haben bedeutet aber auch, sich besser koordinieren und innovativer sein zu können. In komplexen Prozessen der Produktion und Innovation gilt meist: Kontrolle ist gut, Vertrauen ist besser. Sowohl ein zu starkes Korsett der hierarchischen Reglementierung als auch Turbulenzen eines völlig deregulierten Marktes können die Kreativität töten."

Die Ausstellung zeigt auch, dass durch den ständigen Wachstumszwang Raubbau an den natürlichen Ressourcen betrieben wird. Die Ausstellungsmacher wollen unter anderem die Potenziale und Risiken sowie die Grenzen und die Zukunftsfähigkeit der Urlaubsindustrie als Leitbranche des 21. Jahrhunderts kritisch hinterfragen. „Die ‚Produktion' von Urlaub und Erholung erfolgt nach den gleichen ökonomischen Gesetzmäßigkeiten wie die Herstellung von Waren", resümiert Roder.

Als ein Beispiel zeigt das Übersee-Museum die Entwicklung der neuen synthetischen Urlaubswelt in Dubai. Der Hochglanzfilm, der für die im Meer in Form einer Palme künstlich angelegte Wohninsel für Superreiche wirbt, wird mit der harten Lebens-realität konfrontiert. „Rund 95 Prozent der Ausländer leben in sogenannten work camps. Viele verdienen ihr Geld als Fronarbeiter", weiß Roder von seinen eigenen Reisen und aus Gesprächen mit Experten der Bundesagentur für Außenwirtschaft. So wurde das Modell der Berliner Hinterhöfe aus wilhelminischer Zeit eigens für Dubai modifiziert. In das Innere der Luxus-Wohntürme wurden in Sonderröhren sogenannte „low income houses" eingebaut, die über ein eigenes, abgeschottetes Versorgungssystem verfügen. „Diese Ökonomie der Faszination ist ein neoliberales Paradebeispiel", sagt Roder. Darüber hinaus zeigt die Ausstellung auch, wie Mallorca, eine der Lieblingsinseln der Deutschen, im Zuge des Massentourismus völlig umgekrempelt wurde.

SIGRID SCHUER

Bildnachweis

BLG Logistics: S. 98
Peter Chew, Brisbane: S. 30
GUK/Netz: S. 93
Harald Keller: S. 16
Institut für Bienenkunde Celle: S. 31
Jakob Lautrup, Geological Survey of Denmark and Greenland (GEUS): S. 15
Veit Mette: S. 88
Reporter ohne Grenzen: S. 77, 79
Reuters: S. 19
SWB: S. 17
Terre des Hommes, Elisa Schleicher: S. 74
Übersee-Museum Bremen
S. 89, 101, 102/103, 107
Matthias Haase: S. 29, 35, 44, 45, 49, 51, 53, 54, 59, 61, 63, 65, 69, 99
Hartmut Roder: S. 86
Michael Stiller: S. 14
Ingo Wagner: S. 23, 37, 67, 71
Gabriele Warnke: S. 32, 33, 34, 39, 46, 47, 48, 60, 62

Textnachweis

Übersee-Museum Bremen
Dr. Peter-René Becker, Dr. Dorothea Deterts, Gudrun Eiden, Heide Menge,
Dorothee Pesch, Dr. Hartmut Roder, Dr. Michael Stiller, Dr. Anne Wesche

Weser Kurier
Sigrid Schuer, Jürgen Wendler

Impressum:

Erleben, was die Welt bewegt

Herausgeber: Übersee-Museum Bremen, Bremer Tageszeitungen AG
Verlag und Produktion: Bremer Tageszeitungen AG
Gestaltung: Inge Wulfken-Jung, Bernhard Duin

Druck: Müller Ditzen AG, Bremerhaven

© Übersee-Museum Bremen, Bremer Tageszeitungen AG, Oktober 2010

Das Werk, einschließlich aller seiner Teile, ist urheberrechtlich geschützt. Jede Verwertung ist ohne Zustimmung des Verlages unzulässig. Dies gilt insbesondere für Vervielfältigungen, Übersetzungen, Mikroverfilmungen und die Einspeicherung von Verarbeitung in elektronischen Systemen.

ISBN: 978-3-938795-16-3

Die Ausstellung „Erleben, was die Welt bewegt"
wurde von der UN ausgezeichnet.

Nachhaltigkeit lernen

Weltdekade der Vereinten Nationen 2005–2014
Bildung für nachhaltige Entwicklung
UNESCO

Offizielles Projekt
der Weltdekade
2010 / 2011

Das Übersee-Museum Bremen dankt den Förderern der Ausstellung
„Erleben, was die Welt bewegt" für ihre freundliche Unterstützung:

DBU
Deutsche Bundesstiftung Umwelt

Die Sparkasse Bremen

freundeskreis übersee-museum

BLG LOGISTICS

swb

Karin und Uwe Hollweg / Stiftung

Naber-Stiftung
Überseemuseum

nordwest radio

Bremen erleben!

WESER KURIER